新时代高校思政教育理论与实践创新发展研究

黄丽娟 ◎ 著

吉林大学出版社

·长春·

图书在版编目（CIP）数据

新时代高校思政教育理论与实践创新发展研究 / 黄丽娟著 . -- 长春：吉林大学出版社，2022.9
ISBN 978-7-5768-0892-6

Ⅰ.①新… Ⅱ.①黄… Ⅲ.①高等学校—思想政治教育—研究—中国 Ⅳ.① G641

中国版本图书馆 CIP 数据核字（2022）第 196282 号

书　　名	新时代高校思政教育理论与实践创新发展研究
	XINSHIDAI GAOXIAO SIZHENG JIAOYU LILUN YU SHIJIAN CHUANGXIN FAZHAN YANJIU
作　　者	黄丽娟　著
策划编辑	殷丽爽
责任编辑	董贵山
责任校对	安　萌
装帧设计	李文文
出版发行	吉林大学出版社
社　　址	长春市人民大街 4059 号
邮政编码	130021
发行电话	0431-89580028/29/21
网　　址	http://www.jlup.com.cn
电子邮箱	jldxcbs@sina.com
印　　刷	天津和萱印刷有限公司
开　　本	787mm×1092mm　1/16
印　　张	11.25
字　　数	200 千字
版　　次	2023 年 1 月　第 1 版
印　　次	2023 年 1 月　第 1 次
书　　号	ISBN 978-7-5768-0892-6
定　　价	72.00 元

版权所有　翻印必究

作者简介

黄丽娟　女，1981年1月出生，贵州人，法学博士研究生，现任贵州开放大学（贵州职业技术学院）党委宣传统战部副教授，高级考评员（职业培训师）。多年来一直从事大学生思想政治教育工作，先后荣获贵州省优秀共青团干部、贵州省三下乡先进工作者、贵州省首届"辅导员年度人物"等荣誉称号；个人荣获贵州省第二届辅导员技能大赛一等奖、第四届全国高校辅导员职业技能大赛复赛二等奖。

从教以来，指导学生参加专业比赛多次获奖，被评为"挑战杯"大学生课外学术科技竞赛"优秀指导教师"、贵州省第六届学生"学宪法 讲宪法"活动中荣获优秀指导教师、第五届中华职业教育创新创业大赛贵州省赛优秀指导教师等。主持并完成贵州省教育厅科研项目3项、共青团贵州省委重点课题1项，发表论文十余篇。

前　言

高校思想政治理论课担负着培养具有较高政治觉悟和道德情操的合格人才的历史重任，是学校对大学生进行系统的思想政治教育的主渠道，无论在高等教育还是成人教育中都具有非常突出的育人作用。我们必须实事求是地对新时代思想政治教育理论进行分析研究，以便有针对性地加强和改进高校思想政治理论课教学工作，提升高校思想政治理论课的教学效果。如今，大数据时代给高校思想政治理论课带来的巨大的冲击和挑战，也给高校思想政治理论课教学带来了新的发展机遇。要抓住机遇、应对挑战，才能更好地发挥高校思想政治理论课教学立德树人的主渠道作用。

本书第一章为高校思想政治建设课程的理论基础，分别介绍了新时代法治思想理论的构成与特色、当代马克思主义世界观与人生观的继承与创新、社会主义核心价值体系建设的重大发展三个方面的内容；本书第二章为高校思想政治建设课程的理论创新，主要介绍了四个方面的内容，依次是新时代"立德树人"理论在高校思政课的落实、高校思政理论课"以学生为本"教育模式探析、抗疫精神融入高校思想政治理论课的策略研究、思政课程与大学生创新创业结合的融合路径；本书第三章为高校思想政治的教育体系，分别介绍了四个方面的内容，依次是高校思政课程的性质与定位、高校思政课程的科学内涵、高校思政课程的内容与特色、高校思政课程的价值与意蕴；本书第四章为新时代高校思想政治教学创新，依次介绍了高校思政理论课程与日常思政教育、高校思政教学方式与方法创新、高校思政教学模式改革与探究、高校思政教师队伍的建设四个方面的内容；本书第五章为高校院校思政课程与教学模式探究，主要介绍了四个方面的内容，分别是高校思政课程教育现状、高校思政课程的教育体系、高校思政课程的教学实践、高校思政课程教学改革与创新。本书第六章为成人思政教育模式的建设与创新，主要介绍了四个方面的内容，分别是成人教育思政教育体系综述、成人教育思政教育的价值和意义、成人教育思政教育的专业建设、成人教育思政教育的实践创新。

在撰写本书的过程中,作者得到了许多专家学者的帮助和指导,参考了大量的学术文献,在此表示真诚的感谢!本书内容系统全面,论述条理清晰、深入浅出。

限于作者水平有不足,加之时间仓促,本书难免存在一些疏漏,在此,恳请同行专家和读者朋友批评指正!

作者
2021 年 10 月

目录

第一章 高校思想政治建设课程的理论基础 1
 第一节 新时代法治思想理论的构成与特色 1
 第二节 当代马克思主义世界观与人生观的继承与创新 9
 第三节 社会主义核心价值体系建设的重大发展 17

第二章 高校思想政治建设课程的理论创新 26
 第一节 新时代"立德树人"理论在高校思政课的落实 26
 第二节 高校思政理论课"以学生为本"教育模式探析 30
 第三节 抗疫精神融入高校思想政治理论课的策略研究 35
 第四节 思政课程与大学生创新创业结合的融合路径 43

第三章 高校思想政治的教育体系 51
 第一节 高校思政课程的性质与定位 51
 第二节 高校思政课程的科学内涵 61
 第三节 高校思政课程的内容与特色 72
 第四节 高校思政课程的价值与意蕴 76

第四章 新时代高校思想政治教学创新 80
 第一节 高校思政理论课程与日常思政教育 80
 第二节 高校思政教学方式与方法创新 89
 第三节 高校思政教学模式改革与探究 97
 第四节 高校思政教师队伍的建设 105

第五章 高校院校思政课程与教学模式探究……114
第一节 高校思政课程教育现状……114
第二节 高校思政课程的教育体系……119
第三节 高校思政课程的教学实践……123
第四节 高校思政课程教学改革与创新……135

第六章 成人思政教育模式的建设与创新……147
第一节 成人教育思政教育体系综述……147
第二节 成人教育思政教育的价值和意义……152
第三节 成人教育思政教育的专业建设……154
第四节 成人教育思政教育的实践创新……160

参考文献……170

第一章 高校思想政治建设课程的理论基础

本章针对高校思想政治建设课程的理论基础展开论述，围绕三个方面进行阐释，依次为新时代法治思想理论的构成与特色、当代马克思主义世界观与人生观的继承与创新、社会主义核心价值体系建设的重大发展。

第一节 新时代法治思想理论的构成与特色

一、中国法治思想理论的发展进程

（一）中国古代法治思想理论

1. 儒家法治思想

（1）以道德教化为主

孔子的为政思想就是"为政以德"，主张管理国家和人民的方式以道德为基础。统治者应用制度来治理百姓，用刑罚来惩治百姓，但用道德做思想引导，用礼仪制度进行约束，百姓不仅会受道德感化，还会将羞耻铭记于心。在治理国家政务上，孔子指出作为管理国家事务的领导者，为人正直，为公公正，自己作为表率，国家的子民才会遵从法律，进行自我道德约束。在管理人民上，孔子指出"富而后教"的观念，对人民进行道德教育、道德感化的前提是要让人民的生活富足起来，寓意只有满足人民的物质生活，才能在精神上对其进行约束。孟子从性善论的角度提出的"四端之心"是对儒家的一个重大贡献。同时，孟子认为道德教化使人们能够保持"恻隐、羞恶、辞让、是非"之心，从而能自觉遵守法治道德。荀子的性恶论是对孟子性善论的批判，认为人性有恶，强调道德教育的必要性。寓意道德能够改善人性中的邪恶，统治者实施道德教化，是为了避免在治理的过程中多杀无辜的一种手段。

（2）以刑罚为辅

孔子在主张道德教化的同时，也没有放弃刑罚在国家治理上的作用。孔子指出："政宽则民慢，慢则纠之以猛。猛则民残，残则施之以宽。宽以济猛，猛以济宽，政是以和。"纯粹的道德教育手段不足以让人民信服，必要的惩罚措施可以辅助法治的顺利进行。孟子主张"法先王"，认为当下的国家治理方式可以效仿前辈圣贤，沿用已有法治制度和管理方式。荀子主张大力开展刑罚的作用，对违反法纪的人按照事情的大小严重与否来判定刑罚的程度，对大罪大恶的人则重罚，对犯小错误的人则轻罚。在荀子看来，如果"罪至重而刑至轻，庸人不知恶矣"，国家必须有严明的法治和量刑标准，国家要治理，社会要和谐，人民要富足，天下才会太平。汉朝建立后深知秦朝灭亡的实质，君主暴虐残忍，严刑重罚被汉朝统治者所摒弃，开始追逐道家的"无为之治"的理念，并立为治国理念。"无为"这种顺应天意的治国理念无法满足社会发展的需求，董仲舒的"刑者德之辅"的观点，从人性、哲学、因果等角度进行论文，使儒家的"德主刑辅"的法治思想，走向了体统化和理性化。

到了西汉时儒家法治学说被汉武帝接受，董仲舒将儒家法治明确定位。汉武帝将"德主刑辅"的儒家学说提升到治国理念，从而形成了道德教育为主、刑罚为辅助，道德与刑罚并重的法治思想。东汉儒家学者指出法治是国家发展的关键，是社会稳定的保障，并融入"德主刑辅"的法治思想之中。以儒家"德主刑辅"的法治思想为基础，唐高宗先后制定了《永徽律》和《永徽律疏》。《唐律疏议》的出台更是将儒家法治思想推向鼎盛，使法治思想理念变成了法律明文规定，从而形成儒家法治思想制度化。明太祖朱元璋对法治十分推崇，他指出："礼乐者，治平之膏粱；刑政者，救弊之药石""明礼以导民，定律以绳顽"。清朝康熙帝深知"江山易打，久坐难安"的道理，提出治国应需"以德化民，以刑弼教"，治理国家要德法兼施、礼法并用。

2. 法家法治思想

春秋战国时期"以法治国"的治国理念由法家首次提出。法家先驱管仲在《管子明法》中指出："威不两错，政不二门。以法治国，则举措而已。"寓意国家的要想稳定的发展，需要有序的法治和一个完善的法律制度，具有这样法制的国家才不需要时刻提防的社会动乱。韩非子在《韩非子有度》中指出："国无常强，无常弱。奉法者强，则国强，奉法者弱，则国弱""治强生于法，弱乱生于阿"。在以韩非子为代表的法制思想中，认为法治是用国家内部混乱的局面，法律是用于解决人民内部的矛盾。因此，法家的法制思想更是对统治者提出的要求。第一，出台法律。"凡将举事，令必先出""令未布而民或为之，而赏从之，则是上妄予也""令未布而罚及之，则是上妄诛也"。法律是评判是非的标准，是约束社会行为的依据，法律的出台是统治者管理国家和人民的工具，也是公平对待人民的理论保障。第二，宣传和落实法律实质问题。"号令必著明""法律政令者，吏民规矩绳墨也。夫矩不正，不可以求方；绳不信，不可以求直，法令者，君臣之所共立也"。宣传法治有利于人民提高对法制的认识，有利于培养"吏不敢以非法遇民，民不敢犯法以干法官"的法治环境。第三，依法裁决，公正执法。"见必然之政，立必胜之罚，故民知所必就，而知所必去"，为公依照法律规定进行审判，为私不得将个人欲望强加法制之上。第四，官员的选拔和官员的执法应依照法律。法制的建立更是对官员自身的考验，法律是衡量官员执法、知法、的标准，也是选拔任用的依据。

这期间，韩非子充分地吸收了儒家、道家和墨家的国家治理思想，创立了人人皆自利（人人皆望誉冀利）的人性论，建立了道、理、德相应的道用论形而上学，并创立了以其人性论和道用论为根基的法、术、势相统一的法制思想。韩非子的人性论不再纠缠于儒家在人性问题上的善恶之辨，而直接认定慎到所说的人性皆自为。韩非子的道、理和德相应的道用论形而上学是对老庄道家的学说的批判性改造；韩非子吸收了老庄道家的可变性、道为万物根据（反者道之动）的思想，而剔除了后者的神秘性、不可操作性和不可言说性；韩非子通过指道为理，强调了自己道的可操作性、可认识性、可言说性和实用性。与此相应，韩非子还建立了其经验性、功利性的认识论和方法论。韩非子法、术、势相统一的法制思想也是对前人相关思想的批判性吸收与改造：他吸收了商鞅的法的思想，同时重视被后者所忽视的术的思想；他吸收了申不害的术的思想，同时重视被后者所忽视的法的思想；他吸收了慎到的势的思想，同时重视被后者所忽视的人为之势和法的思想。韩非子的法制思想大体上奠定了以后由汉朝发轫的两千多年君主制（元明清三朝为真正的君主专制）的国家治理思想架构。

法家的法制思想在当时的社会已具备一定的先进性。法家还指出了在法律事实上应"法不阿贵、刑无等级"，禁止一切特权存在。第一，法家的法制思想是一种公开公正的法律制度，法律的执行和实施过程中不应该将个人情感和裙带关系。"法者，所以齐天下之动，至公大定之制也，故智者不得越法而肆谋，辩者不得越法而肆议，士不得背法而有名，臣不得背法而有功。我喜可抑，我忿可窒，我法不可离也；骨肉可刑，亲戚可灭，至法不可阙也。""官不私亲，法不遗爱，上下无事，唯法所在。"第二，法家的法制思想将法律视为衡量社会行为的标准，司法的平等是促进法律公平公正的手段。韩非指出："先王悬权衡，立尺寸，而至今法之，其分明也。夫释权衡而断轻重，废尺寸而意长短，虽察，商贾不用，为其不必也。""法不阿贵，绳不挠曲。……刑过不避大臣，赏善不遗匹夫。"阶级和人民没有分别。商鞅强调："商君治秦，法令执行，公平无私，罚不讳强大，赏不私亲近，法及太子，黥劓其傅。""所谓一刑者，刑无等级，自卿相将军以至大夫庶人，…罪死不赦。""皇子犯法与庶民同罪"是当时法治思想的集中体现，古代的依法治国思想也逐渐体现出来。法律的衡量标准一致，阶级在法律面前同等对待，违法量刑也需依照法律而定。从而追求社会生活上的法律重在治心，使人人遵法、守法。

3. 道家法治思想

（1）道生法

道生法属于黄老道家的社会政治主张，它不但为法律合理性提供了依据，更将道家的法制思想提升到一个崭新的局面。道家以"道"为核心，主张大道无为，道法自然。认为真正的大道就是要顺应天意，尊崇自然的法则，不应刻意地去改变。在这里"道"可以理解为客观规律的意思。黄老道家在"大道无为，道法自然"的基础上提出了"道生法"的思想观点，不再一味地追求"道法自然"，而是将"道"和"法"相结合，将道家的思想与社会治理相结合，形成了一套尊重客观规律的法律体系。规范、公正、强制、公平的法律体系是社会稳定的保障。规范的法律体系是衡量是非善恶的标准。"法者，引得失以绳，而明曲直者也"，"是非有分，以法断之；虚静谨听，以法为符"。公正的法律体系是针对国家内的每一个人。"法度者，正之至也。……精公无私而赏罚信，所以治也。"强制的法律体系是国家执法和实施的保证。"法者所以同出，不得不然者也。故杀禁诛以一之也，故事督乎法。"公平的法律体系法律制定和执行的基础。"故执道者，生法而弗敢犯殴也，法立而弗敢废也。""明君圣人亦不为一人枉其法。"公平的是人民的需要，也是社会发展的需要，更是法律本身的内在要求和对统治者的基本要求。

（2）德刑并重

儒家的德主刑辅的法制思想被黄老道家继承和发扬，在此基础上黄老道家更注重平衡，将德与刑平等对待，从道家的阴阳学说上就可以看出来，相互互补是道家法制的主流思想。"天地已成，黔首乃生。胜生已定，敌者生争，不谌不定。凡谌之极，在刑与德。""刑晦而德明，刑阴而德阳，刑微而德章。"在法律的实施上，黄老道家应依据客观事物的发展规律，如，以时令为限，在春夏时实施恩惠，进行道德教育和感化，在秋冬时对顽固不化的违法者进行刑罚。这样的做法缓和了人民和统治阶级的矛盾冲突，对社会发展有积极作用，同时将法治自然化融入古代中国法治思想。

（3）礼法并用

《管子》认为要将礼仪制度与道德结合运用。礼仪法制是古代人们的行为规范，道德是人内心的个人素养，古代人们受传统思想的影响，二者在社会中都会起到维护社会秩序的作用。在道德与礼法制度的选择上，礼法制度是治理国家的首选，道德是约束管理的方式。在礼与法的选择上，礼仪是没有条文规定的制度，法是具有约束的法制制度，二者不能主义法治提取舍，保证法治制度也要坚守礼仪形式。"虚无无形谓之道，化育万物谓之德，君臣父子、人间之事谓之义，登降揖让、贵贱有等、亲疏之体谓之礼，简物、小未一道，杀僇禁诛谓之法。"《管子》还强调："凡民之所生也，必以正平。所以失之者，必以喜乐哀怒。节怒莫若乐，节乐莫若礼，守礼莫若敬。外敬而内静者，必反其性。"情绪是人非理性的表达方式，容易让人失去平和的心境，礼乐使人心境回归平和。

孔子将"礼、乐"看作国家治理、国家兴衰的根本，认为，国家的和谐稳固，需要符合"礼、乐"的根本要求。总的来说，封建专制虽然将"德、刑、法、礼"变成了人治的工具，但法制的发展依然遵照自身的发展规律不断进步。传统的法制思想用道德进行自我约束和教化，用刑罚惩戒违法行为，用法律作为善恶是非的衡量标准，用礼乐使人的本性回归。"德、刑、法、礼"的有机结合，是当代中国治国理政不可或缺的文化基础。

（二）中国新时代法制思想的发展

新中国成立前夕，我国发布了《关于废除国民党的〈六法全书〉与确定解放区的司法原则的指示》，明确人民司法工作应以新的法律为依据。[1] 从此废旧立新开始，开启了新民主主义法制向社会主义法制的伟大转向。当然，这里不得不提及1949年9月召开的中国人民政治协商会议，这次会议制定并通过了起到"临时宪法"作用的《中国人民政治协商会议共同纲领》。《共同纲领》规定了中华人民共和国的国家性质、国家制度和社会制度的基本原则，确定了新中国方面建设的基本方针政策，是新中国成立初期各项工作开展的根本法律遵循。这部与此前革命根据地（解放区）颁布的"宪法"（或宪法性文件）不同，它是中国历史上

---

[1] 中共中央文献研究室,中央档案馆.建档以来重要文献选编(1921–1949)(第26册)[M].北京：中央文献出版社，2011：154–155

真正意义上代表全体人民意志的宪法文件，是全体人民新的政治选择，更是新中国法律秩序的"基础规范"和法律效力的最终源泉。[1]

十一届三中全会之后，以市场化为取向的经济体制改革不断深入为中国民主法治建设奠定了必要的社会经济基础，而我党依法治国方略的提出则为民主法治的发展提供了必要的政治条件，中国特色社会主义法治从此步入正轨，此后我们不断丰富和完善中国特色社会主义法治理论体系，呈现出欣欣向荣的景象。

从法治中国的实践来看，党的十八大以来，科学立法、严格执法、公正司法、全民守法深入推进，法治国家、法治政府、法治社会建设相互促进，中国特色社会主义法治体系日益完善，全社会法制观念明显增强；国家监察体制改革、行政体制改革、司法体制改革、权力运行制约和监督体系建设有效实施，全面依法治国取得了举世瞩目的新进展、新成就，谱写下法治中国建设的崭新篇章。新时代法治思想作为建设法治中国"定海神针"，内涵丰富、阐释深刻、逻辑严密、体系完备。

二、新时代法治思想理论的构成内容

（一）坚持依宪治国、依宪执政

宪法不仅需要权威和威严，更需要对人民和国家进行指导和引领，以及对国家制度的实施和应用。宪法是人民意志的集中体现，宪法是人民谱写维护人民利益，保障人民权益，实现国家发展，完成历史使命的法的根本依仗。一切有违人民利益和权益的事，都是宪法的底线。因此，依宪治国和依宪执政的最根本问题就是解决人民内部矛盾，实现人民权利，保证人民的利益在社会发展中最大化。依宪治国的内涵为：树立宪法权威和地位；坚持人民主体地位；坚持党的领导。

（二）坚持"三位一体"共同推进、共同建设的战略思想

党的十八届四中全会提出的坚持"三位一体"即："坚持依法治国、依法执政、依法行政共同推进，坚持法治国家、法治政府、法治社会一体建设"，[2] 由此可以看出我国要建设一个完整的社会主义法治体系，同时，这也是我国对法治深刻理解的具体表现。

---

[1] 魏治勋.百年法治进程中的基本逻辑与执政党角色[J].法学论坛，2021（1）.
[2] 《中国共产党第十八届中央委员会第四次全体会议公报》[EB/OL]（2014-10-23）.http://cpc.people.com.cn/n/2014/1023/c64094-25896724.html？from=androidqq

法治制度的出现标志着社会逐渐走向文明，法治国家的建设标志着文明社会向更高层次发展。同时，法治也是国家、社会文明的标志。社会主义经济建设、中国新时期的内部矛盾的解决、社会的平稳发展、社会实现公平正义、深化改革逐步实现和中国民族的伟大复兴都依赖法治的发展。建设中国特色社会主义法治国家，需要国家对立法、监督和重大问题上的领导权、决策权和司法权等的法治化。因此，国家的发展、进步的关键在于具有法治化的权力实施体系和权力制约体系。从而，保障执法为民、主权在民和人民的当家做主地位。坚持依法行政和法治政府都是将法律置于至高的地位，通过法律化的行政手段实现人权的民主和廉洁、高效、服务的政府。行政的合法、合理、诚实、有序是实现国家行政法治化的作用，法治化的出现保证了政府能够依法行政、有法可依、违法必究。所以，这也是依法治国全面推进的重要环节。法治是人民的法治，更是国家和政府的法治。法治国家的建成需要全社会的共同努力并尽到相应的义务和法律责任。

社会主义法治建设的目标是实现法治中国。其内在表现是将法治政府、法治社会与法治国家相结合，保证法治中国在每个层面上的法治精神保持一致。其外在表现是将三者共同发展。在具体实现上，要保证法治思维和法治方式的实际应用。从本质上讲共同进退和共同建设存在内在的联系和促进的作用。法治国家是依法治国的目标，法治政府是依法执政的前提，法治社会是公平正义的保证。要实现全面依法治国和法治国家需要在既定的轨道上加以科学、有序地推进。全社会的普法宣传、普法教育是增强人民法治的最基本途径，是促成全民崇尚法律、敬畏法律、遵守法律的良性法治社会大环境的保障。有利于保证国家长治久安，切实地推动国家"三位一体"建设。

（三）坚持"四个全面"协调发展

从党的十八大开始，党中央逐步提出了"四个全面"战略布局，并明确了全面依法治国的方向和在整体战略布局中的地位，指明了未来发展的总方向和趋势，并要求实现"四个全面"。

全面建设社会主义国家需要全面深化改革和全面依法治国的改革、协调和保障，只有二者同时发展才能够推进社会协调发展，从而实现社会主义现代化国家。"四个全面"的实现是时代的具体表现，是实现中华民族伟大复兴的条件，更是实现法治中国的需要。全面依法治国和全面深化改革是方法和动力，全面建设社会主义现代化国家是目标，全面从严治党是实现的关键和前提。因此，"四个全面"战略紧紧相连，缺一不可，是对法治中国系统的分析和归纳，更是对实现社会主义法治社会总要求。

（四）坚持反腐工作，紧抓关键环节

根据新时代依法治国理论的全面推进，一系列的反腐倡廉工作思路，指出反腐败斗争之一个长期的过程，所以针对腐败的具体问题需要针对性和持续性。无论是党内还是党外都要坚守原则，坚守我党不可逾越的红线，不设定范围，上到位高权重的大官，下到农村基层，只要违反党的原则就一定要接受法律的制裁，不留情面，不留尾巴。坚持"老虎苍蝇一起打"的原则。针对领导干部的权力，既要放权，又要将权力牢牢地困在制度的牢笼之内，保证权力的实施用之于民而利于民。为此扩大党中央对各级领导官员的巡视范围和力度，正确把握深化改革的全面实施和反腐倡廉的同步推进，保证党员干部坚守底线，促进对思想和精神上的反腐，从而在思想根源上抑制腐败事件的发生。

三、新时代法治思想的理论的内在逻辑

（一）深刻阐明新时代全面依法治国的重要地位和战略方位

全面科学认识新时代全面依法治国的重要地位和战略方位，是新时代法治思想的逻辑起点。法治思想从本质性、制度性、价值性、变革性四个方面科学定位法治，深刻揭示了新时代全面依法治国的重要地位和战略方位，从认识论高度回答了新时代为什么实行全面依法治国这个问题。

（二）统筹谋划新时代全面依法治国的方向目标和动力路径

纵观新时代法治思想，可以清晰看出其逻辑主线是"建设法治中国"。围绕这个逻辑主线，在定位法治的基础上，新时代法治思想指明了全面依法治国的政治方向，谋划了全面依法治国的发展蓝图、动力和路径，为全面依法治国提供了科学指南。

（三）战略推进新时代全面依法治国的系统部署和任务工作

新时代法治思想将厉行法治作为治本之策，运用统筹兼顾、把握重点、整体谋划的方法解决关系法治中国建设和发展的重大问题，形成了一系列实行全面依法治国的实践方略。

四、新时代法治思想理论的时代特色

（一）坚定的人民立场

新时代法治思想坚持以人民为中心，把人民放在心中最高位置，始终为人民立德、为人民立功、为人民立言，饱含亲民、爱民、忧民、为民的深厚情怀。

（二）严谨的系统思维

新时代法治思想坚持立足全局看法治、着眼整体厉行法治，加强对法治中国建设的系统谋划、系统部署、系统推进，提出了科学化、明晰化、系统化的总蓝图、路线图、施工图，有力促进了全面依法治国的整体性、协同性。

（三）缜密的辩证思维

新时代法治思想坚持发展地而不是静止地、全面地而不是片面地、系统地而不是零散地、普遍联系地而不是单一孤立地，认真观察各种事物，妥善处理全面依法治国中的各种关系。

（四）强烈的创新精神

新时代法治思想坚持与时俱进、以变应变，推陈出新、破旧立新，深入推进法治理论创新、制度创新、实践创新。

第二节　当代马克思主义世界观与人生观的继承与创新

一、马克思主义世界观理论

马克思主义哲学产生于 19 世纪 40 年代，以 1848 年发表的《共产党宣言》为标志。它是社会历史发展、科学发展和哲学本身发展的必然产物。在马克思主义哲学看来，哲学是世界观和方法论的统一。世界观又称宇宙观，是人们对整个世界以及人与世界关系的根本观点和总的看法。哲学是理论化、系统化的世界观。马克思主义哲学揭示了自然、社会和思想发展的规律，是大学生思想政治教育的指导理论。

科学的世界观就是马克思主义所倡导的世界观，是马克思主义哲学，即辩证唯物主义和历史唯物主义，它是关于自然、人类社会和思维领域最一般规律的学说。其主要观点如下：世界统一于物质、物质决定意识的观点；世界的总体特征就是普遍联系与变化发展的观点；矛盾运动规律的观点；实践与认识辩证关系的观点；实践是检验真理唯一标准的观点；社会存在决定社会意识的观点；人类社会发展规律的观点；社会主义的根本任务是发展生产力的观点；人民群众创造历史的观点；人的全面发展与社会全面进步的观点。它是理论化、系统化的世界观；同时，还是科学的方法论，也就是说它既是观点、看法，又是方法。有了上述观点，就具备了科学的思想方法和工作方法，便于我们正确地认识世界和改造世界，为我们确立科学的人生观和价值观奠定坚实的基础。科学的世界观视域下，万事万物都具有客观实在性。它们都不依赖于人的意识而客观地存在着，意识是人脑的机能、是物质的产物，包括推动人类社会发展的生产力以及与之相应的生产关系也是客观存在的物质。这就是世界的多样性与物质的统一性。所有事物通过内容与形式、本质与现象、原因与结果、必然与偶然、现实与可能等一系列环节实现联系和发展。同时，事物的联系和发展是有规律的，其主要规律有：对立统一规律、量变质变规律、否定之否定规律。人类必须进行实践才能探寻到这些规律的存在，按客观规律办事，就会立于不败之地。因此在实际生活中我们要善于运用科学的世界观分析问题、解决问题。

（一）马克思主义哲学对自然发展规律的揭示

马克思主义哲学揭示了自然的发展规律，创立了辩证唯物主义，认为世界统一于物质，物质世界是普遍联系和永恒发展的，并提出了唯物辩证法的基本规律和基本范畴。

（二）马克思主义哲学对社会发展规律的揭示

马克思主义哲学揭示了社会的发展规律，创立了历史唯物主义，认为社会存在和社会意识的关系问题，是历史观的基本问题，对这个问题的不同回答，是划分两种历史观的根本标准，认为社会意识第一性、社会存在第二性，社会意识决定社会存在的，就是历史唯心主义；认为社会存在第一性，社会意识第二性，社会存在决定社会意识的，就是历史唯物主义。

二、马克思主义人生观理论

科学的人生观就是正确的人生观，是以共产主义为远大理想，以人民美好生活为目的，追求为人民服务的人生观。这种共产主义人生观运用辩证唯物的观点考察有关人生的重大问题，站在历史发展规律的高度，把人生的意义、目的、态度同最广大人民群众的切身利益结合在一起，是迄今为止最科学的人生观。在人的一生中，会涉及许多方面的关系，我们着重介绍几种主要对人生有重大影响的人生观。第一，信仰观。思想领域的斗争既复杂且长久，我们要用马克思主义占领思想阵地。人民有信仰，民族有希望，国家有力量。一个人、一个民族、一个社会，只要有信仰、信念、信心，就会愈战愈勇，否则，就会不战自败、不打自垮。无论过去、现在还是将来，对马克思主义的信仰，对中国特色社会主义的信念，对实现中华民族伟大复兴中国梦的信心，都是指引和支撑中国人民站起来、富起来、强起来的强大精神力量。第二，财富观。目前我国的经济体制是以市场经济为主、多种经济成分并存。在这种条件下，合理地获得经济利益是允许的。社会主义的根本目的就是要让人民群众过上美好的生活。君子爱财、取之有道，但必须反对"一切向钱看"的拜金主义人生观和财富观。第三，历史观。马克思主义中的唯物史观认为，社会存在决定社会意识，社会意识能动的反作用于社会存在，从而在人类思想史上第一次解决了社会历史观的基本问题，是社会历史观上的革命性变革。从此，人民群众站在历史发展的舞台中央，这便是科学的唯物史观。第四，学习观（知识观）。我们要树立终生学习的观念，就逻辑关系来说：一是人出生之后，什么都不懂，必须经过后天学习，才能掌握生存技能以及认识世界、改造世界的各种能力。二是就知识的本源来说，任何知识都离不开直接经验，都是从直接经验得来的。毛主席说过，你要想知道梨子的味道，就要亲口尝一尝。因此，要想成就一番事业，就要不断学习，活到老、学到老，实现终身学习。

（一）马克思主义关于人的本质的理论

第一，实践主体性是人之为人的根本特质，即人的实践性本质。第二，人是一切社会关系的总和是人的社会特质，即社会性本质。第三，人作为自然存在物，具有其需要性本质。马克思主义关于人的本质的这三个命题是相互统一的有机整体。把握人的本质应当贯彻三者统一的原则。

（二）马克思主义关于人的全面而自由发展的理论

人的全面发展观认为人的发展应该呈现的新的发展状态，在广度和深度上消灭片面的、不平衡的、畸形的发展，进而实现自由发展，全面发展，充分发展。中国特色社会主义进入新时代的育人要求，是思想政治教育理念的本质，其理论的现实性体现在思想政治教育要促进高等院校学生的全面自由协调发展。

我们要根据当今社会经济型社会的特点,结合学校专业以及学生特点,探索马克思主义基本原理内涵,提高课堂的实效性,丰富教学内容,吸引学生的注意力,推进高等院校思想政治教育理论层面更上一层。为此,教师使用贴近学生生活实际、符合现代教育教学规律的启发式、互动参与式的教学方法。作者认为,在以马克思主义关于人的全面发展学说理论为基础的高等院校思想政治课中要注重学生的自身发展。

三、高校大学生继承马克思主义科学原理的必要性

(一)有助于学生正确理解党的路线、方针、政策

我们党的思想路线"一切从实际出发、理论联系实际、实事求是"就来源于马克思主义。马克思主义包括马克思主义哲学、马克思主义政治经济学和科学社会主义三个组成部分,而科学的世界观、人生观和价值观是马克思主义整个理论体系的基石,学懂弄通科学的世界观、人生观和价值观,就能正确地理解党的路线、方针、政策。

(二)指明了学生今后人生的方向

拥有科学的世界观、人生观和价值观,无论做什么,都会明白为谁做、做什么、怎么做。第一,科学的世界观、人生观和价值观的基本立场非常清楚,就是以解放全人类为己任,以人的自由全面发展为美好目标,以人民为中心,一切为了人民、一切依靠人民,这就解决了为谁做的问题。第二,做与人民的需要和利益相一致的事情,坚持全心全意为人民服务的根本宗旨,实现好、维护好、发展好最广大人民群众根本利益,把人民拥护不拥护、赞成不赞成、高兴不高兴、答应不答应作为衡量一切工作得失的根本标准。第三,科学的世界观、人生观和价值观的基本方法就是实事求是的方法、辩证分析的方法、抓主要矛盾和矛盾主要方面(即解决关键问题)、历史分析的方法、群众路线的方法等。科学的世界观、人生观和价值观是我们各项工作沿着正确的方向和科学的轨道前进的思想指南。

(三)提高观察问题和解决问题的能力

从哲学上看,人类的一切活动归纳起来无非是两大活动:认识世界和改造世界。无论是认识世界(观察问题),还是改造世界(解决问题),都必须有科学的世界观、人生观和价值观作指导。这样才能增强我们认识能力和实践能力,从而

克服主观性、片面性、盲目性和表面性，增强工作中的原则性、针对性、预见性和创造性。

（四）增强抵制各种错误思想侵蚀的能力

一段时间以来，一些人立场动摇、迷失方向，甘愿被"围猎"，思想败坏、腐化堕落，从根本上说，都是轻视理论学习、放松世界观改造的结果。拥有科学的世界观、人生观和价值观，就能提高政治敏锐性和政治鉴别力，抵制各种错误思想，使我们立得正、行得远。

（五）有助于学生拥有良好的心态

现代人非常注重心态，都想拥有良好心态，我们拥有科学的世界观、人生观和价值观就能做到心态端正。因为，科学的世界观会使我们站得高、看得远，心胸开阔，"一览众山小"；正确的人生观会使你积极向上、热情饱满、心胸豁达；正确的价值观会使你处处发现美、追求美，心地善良，让你在岁月静好中恬淡、安心、舒缓、宁静。

四、马克思主义世界观人生观在高校教育中的创新应用

（一）善用"世界物质统一性原理"，营造良好的学风

1. 引导大学生树立"唯物论"观点，减少"考神"现象

在马克思主义基本原理概论课程中，唯物论是学生接触的第一个基本原理。"唯物论，认为物质第一性，意识第二性，物质决定意识。"大学是继高中后，学生更高层次的一次深造。大学老师对知识的讲授更多在课堂教学中进行。课下，老师与学生的交流较少。部分学生由于缺少高考这一明确目标，秉承了"及格万岁"的思想，为了及格在考前寄希望于所谓的考神。考前朋友圈疯狂转发各种"逢考必过"的考神。而这种转发背后实质是一种唯心主义思想。运用唯物论观点对学生进行说服教育，可以从根源上杜绝学生的这种有神论、唯心论思想。说服教育只有做到一切从实际出发，才能触及学生的心灵。怎样才能触及学生心灵呢？从年龄和心理来看，大学生已经有成人思想，我们不能再把他们看成孩子。学生教育前提是首先意识到他们已经成长为一个个小大人。理所当然，爱的前提应当是理解。处理学生问题是一个非常重要的问题。学生成为一个小大人，也就意味着有着较强的自尊心。因此，教师在教育管理过程中要时刻保护学生的尊严，让

学生感受到教师是在非常真诚地关心他、帮助他。

2. 运用"唯物论"观点，提高主观能动性

辩证唯物主义虽然强调世界的统一性在于它的物质性，但并不否认意识对物质的反作用，而是认为这种反作用有时是巨大的。但是不同于之前的学习，大学生学习具有更多自主性。自律自觉成为大学生学习的一个重要因素。但是，部分学生在此过程中，因为缺少自律能力，临时抱佛脚。通过马克思主义基本原理中意识反作用能力对学生进行教育引导，可以抑制懒惰心理的蔓延。在学风建设中可以借助同伴群体中的榜样，以事实为依据，以理论为根基，对学生进行积极引导，帮助其在思想上认识到主观能动性是成绩优劣的决定性因素。经常性引导后，督促其养成慎独的习惯。大一是进入大学后的适应期，此时把工作的重心放在加强学风建设方面，催促他们珍惜学习时间，培养学生自主学习的能力。当然，内因是事物发展变化的决定性因素。主观能动性的激发同样要从学生的内在需求出发。很多初入大学的学生，对未来没有规划，这是他们在大学生活中面临挫折时容易选择退缩的重要原因。教师要根据自己的经验，与学生进行经常交谈，引导他们初步了解大学、积极做好准备。

（二）运用"联系"的观点统筹学生教育工作

1. 搭建"家校联合"桥梁

家庭教育对一个人个性品格的养成及其终身发展具有深远影响。显然，家庭教育特殊作用是学校教育不能替代的。尽管很多学生问题的发生地点在学校，但是影响事件发展的因素是多元的。学生的情绪受家庭环境影响大，家庭环境好，对学生的成长能起到促进作用；家庭环境不好，有可能使学生产生自卑、自怜、自怨等负面情绪。因此，学生问题的解决要综合了解家庭教育对学生的影响。父母是学生最初的教育者，学生的成长，很大程度上取决于父母的言传身教。通过与家长的沟通，我们可以了解到父母对子女的教育是否恰如其分，是否起到良好的作用。再就是通过家校联系，了解学生的性格为人，有的学生在学校听话守纪，尊敬师长，热爱劳动，给教师留下美好的印象，但在家里，在父母面前，好吃懒做，刁蛮娇惯，又是一套，通过和家长相互沟通，才能了解学生，做到心中有数，有的放矢，从而使学生健康成长。

2. 用好互联网"第二空间"，实现现实世界与网络世界的有效融合

形势在发展，时代在进步。要跟上时代前进步伐，就不能身体已进入21世纪，而脑袋还停留在旧时代。随着时代的发展，教育不断迎来新的变革。互联网

时代，大学生生活其中，耳濡目染，成为"网络原住民"。互联网成为他们学习知识、获取信息、交流思想、娱乐休闲的平台。很多学生问题的出现与互联网有着莫大的关系，解决学生问题、做好学生教育工作，就更应该充分运用这一平台。不断丰富创新教育实践活动，结合大学生的特点吸引学生目光，随时关注最前沿的网络语言、网络事件。借助强大的网络平台，积极宣传推广、深化政治基础教育。在大数据时代，不仅要关注近在眼前的案例，也要联系远在天边的教育素材。

（三）运用"创新思维能力"，努力实现管理与服务的统一

1. 马克思主义哲学中对"创新"的内容阐释

第一章为世界的物质性及发展规律，主要介绍马克思主义的唯物论和辩证法，这一部分与创新的关系最为密切，是创新思维的理论基础。马克思主义的世界物质性原理为立足实际开展创新提供了理论启迪。人的意识及其能动作用为创新提供了可能，掌握意识的能动性原理能大大增强大学生创新的自信心。马克思主义普遍联系的原理为创新提供了重要的方法论意义，引导学生从各种联系中寻找新视角、发现新观点，同时也能大大激发他们的创新热情。唯物辩证法的五对基本范畴有助于大学生全面认识创新，把握创新思维原则，警惕创新过程中可能遇到的一些注意事项。唯物辩证法的三大规律分别揭示了创新的动力和源泉，创新的形式和状态，创新的方向和道路。事物的永恒发展以及新事物必然战胜旧事物的原理不但有助于大学生客观地认识创新的本质规律，而且有助于大学生坚定创新的信念。

第二章为科学的实践观，与创新有关的内容主要有科学的实践观、能动的反映论以及关于认识的一系列知识和原理，这一部分是创新思维的实践基础。关于实践本身的含义以及它的决定作用等内容，证明了实践是创新意识产生、创新思维能力培养的沃土。只有在实践中创新意识才能产生，才能得到检验和发展。实践是创新意识产生的基石、发展的动力、得以实现的有效途径，也是检验创新是否成功的有效标准。意识的能动反映论表明，意识是人类所特有的在实践的基础上对客体的能动反映，反映性和创造性是它的两个特点，反映必须是有创造性的反映，创造必须是在反映基础上的创造。在人类的实践中，反映性和创造性的有机结合为创新提供了可能。创新意识的产生、发展也和认识的辩证发展过程一样，要经历实践到创新认识、创新认识到实践这两个阶段，并要完成两次能动得飞跃。完成实践到创新认识的飞跃既要在实践中积累丰富的感性材料，又要对积累的材料进行理性地思考，甚至要采用数学等科学计算方法加以推导论证，然后才能形

成理性的创新认识，这一阶段为创新提供了具体的思路和方法。从理性的创新认识到实践的过程，需要经过确定实践目的、形成实践理念、制定实践方案、运用科学的方法等中间环节，使创新认识和具体的实践结合起来，并被群众所掌握，才能转化为改造自然、改造社会的物质力量。这一阶段是创新意识变为现实的阶段，是创新成果得以实现、检验的重要环节。创新认识的发展也和认识的辩证发展过程一样，需要经过循环往复以至无穷的发展，每一次循环都达到了新的高度，创新无止境。实践创新活动有真理和价值两大尺度，这两大尺度是大学生在创新活动中必须遵守并要实现有机结合的两大尺度。真理的客观性，要求大学生在创新过程中既要反对思想僵化的教条主义，又要反对不切实际的冒险主义。价值是揭示客观世界、满足人类生存发展程度的关系范畴，是在具体历史过程中客体对于主体需要的意义，大学生要想实现创新，就必须坚持真理尺度和价值尺度相统一的原则。

第三章为马克思主义的社会历史观，是人们在推动社会变革发展的社会实践中遇到的必须解决的基本问题，是解决好其他一切社会问题的前提和基础。这个问题的解决为人们在经济、政治、军事、文化等各领域的创新提供了优良环境和必要保障。社会基本矛盾原理及其在社会发展中的作用为推动社会发展的创新实践提供了动力。根源于社会基本矛盾的改革、科学技术以及人民群众在社会发展中的作用等原理，都深刻地揭示了在我国社会主义现代化建设和发展的伟大实践中，理论、制度、教育、科技、文化等创新的必要性及重要历史意义，大学生不仅能从中了解创新的环境、条件和必要保障，认识创新需要遵循的大方向、大趋势，也能在潜移默化中增强"四个自信"。

2. 运用"创新思维能力"转变"教育管理"理念

学生教育过程最大的特点是变，事情是新的、学生是新的，时代也是新的。教师的"管理理念"也必须是随机应变的，是不断更新的。新是指新事物的产生，反过来就是指旧事物的灭亡。新旧事物的区分并非指其出现的时间早晚，而是以是否符合历史发展规律为划分标准。正确区分新旧事物就成为学生教育取得有效成果的一个关键性因素。大学生是已经初步具备世界观、人生观、价值观的独立个体。随着信息化时代的到来，他们越来越多具备独立的自我意识，独立思考能力逐步提升。传统的简单粗暴式的管理理念已经无法适应当代大学生，成为不符合历史发展趋势的旧事物。管理理念向服务理念的转变，并实现其有机统一理应成为学生教育新理念。这就要求我们不断提升洞察能力，在生活中发现美，在时事中挖掘教育点，及时把握教育契机，不断增强作为教育者的责任感，关注学生的成长，关注时事的变化，不断提升文化素养和理论联系实际的能力。当然，辅导员作为学生教育工作者要忠于党的领导，践行为人民服务的宗旨，将学生的健康成长放在中心位置，努力提升专业水平，以专业培养专业，把素质的养成和本领的增强深深扎根到辅导员的成长之中。

3. 运用马克思主义哲学培养学生的"创新思维"

新课程改革以来，一直强调培育学生的创新思维，创新思维是人类创造力的核心、是思维的最高级形式，是人类思维活动中最积极、最活跃和最富有成果的一种形式。人类社会的进步与发展离不开知识的增长与发展，而知识的增长与发展又是创新思维的结果。对于任何一个人来说，创新思维是可以训练的。通过引导学生"自治"可以有效提高学生自我管理能力。马克思主义基本原理概论课程作为一个具有方法论特色的课程，极易激发学生的创新思维。这就要求教师在课堂上敏于发现，着力发展学生的这种思维，努力营造一种激情飞扬、思想丰盈的课堂氛围，让每一位学生都能自由、平等、和谐地学习。学生在生动活泼、宽松自如的环境中自然而然就会激起主动探索的激情。学生教育中，要多组织学生进行发散思维训练，善于引导其求变，要让学生个个参与，集体解决日常学习生活中的各种问题。在工作中，教师要注意发现学生的别才、别趣、别志，尊重学生的特长，改变保守态度，引导学生敢于标新立异，敢持异见，创设激发学生质疑问难的环境，把他们的天真好奇诱导到"自我管理"轨道上来。大学生是初具世界观、人生观、价值观的人，在大学生已经初步具备马克思主义基本原理概念的基础上，因势利导，加强教育，方能引导大学生形成与实际相结合的方法论，灵活解决生活、学习中的各种问题，成长为将自己发展与时代脉搏相联系、个人理想与国家前途命运相结合的社会主义建设者。

第三节 社会主义核心价值体系建设的重大发展

随着当今时代的快速发展，大学生的思想政治教育成为一个不容忽视的话题。这是一个思想剧变的时代，信息传播速度的加快以及各方面思想的汇聚，让大学生所要面对的思想潮流是前所未有的，因此思想政治教育面临着前所未有的挑战。随着党的十八大提出以富强、民主、文明、和谐，自由、平等、公正、法治，爱国、敬业、诚信、友善为核心的社会主义核心价值观以来，我国的思想政治教育工作有了一个明确的目标和引导，而社会主义核心价值观也成为我国建设的标准目标之一。为了加强大学生思想政治教育工作的有效性，除了要坚持与时俱进、确保与学生的良好沟通、加强对大学生日常生活的关怀外，还要坚持以社会主义核心价值观体系为指导，确保思想政治教育能够给大学生带来最有效的影响。

一、社会主义核心价值体系的内涵

当代中国的社会主义历史定位与当代中国的基本国情，从根本上决定了当代中国社会主义核心价值体系的基本内容。按照党的十六届六中全会通过的《中共中央关于构建社会主义和谐社会若干重大问题的决定》的论述，"马克思主义指导思想，中国特色社会主义共同理想，以爱国主义为核心的民族精神和以改革创新为核心的时代精神，社会主义荣辱观，构成社会主义核心价值体系的基本内容。"[①]

二、社会主义核心价值观体系在高校思政教育的落实现状

在思想政治教育中，融入社会主义核心价值观可以帮助高校学生养成良好的道德品质，即养成努力认真学习、尊敬教师与长辈、友爱同学及诚实守信的良好道德行为。爱国精神也是我国社会主义核心价值观中的重要内容之一，先有国才有家。学校与教师要加强对高校学生的爱国主义教育，让高校学生体会到国家对自身、对家庭的重大影响，促使高校学生规范自身行为，努力学习，承担起自身的国家使命感，实现个人价值的最大提升。教师在宣扬中华社会主义核心价值观时，应结合当前的时政热点深化爱国精神，让高校学生产生情感共鸣来树立自身正确的人生观与价值观，为未来的发展奠定良好的基础。但就实际情况而言，教师在教学过程中，往往忽略了高校学生对于社会主义的认知情况以及对社会主义核心价值观的接收能力，以传统的灌输方法培养高校学生的社会主义核心价值观，让高校学生完全无法真正意义上将社会主义核心价值观融入日常生活与未来发展当中，让高校思想政治教学中的社会主义核心价值观培养过于形式化，失去其本身的意义以及为社会发展带来的好处。中国社会主义核心价值观博大精深，将其与语文教学融合，意义显著。不少文化学者认为，教师应积极加强社会主义核心价值观在高校思想政治教学工作中的渗透力度，让高校学生通过深刻了解与认知中国优秀的社会主义核心价值观，借鉴其中的优秀主旨思想，丰富自身的文化道德修养，提升道德水平。家庭环境是决定一个人未来的重要因素，因此父母的品

---

① 中国共产党第十六届六中全会.2006年10月.

行将非常重要。同时教师也要在教学过程中起到表率作用,让高校学生在学习的过程中以父母、教师为榜样,建立自身良好品行。

三、社会主义核心价值体系对大学生思政课程的重要性

思想政治课程作为培养大学生道德素养和思想品德的重要课程,应当得到各高校的重视。毕竟大学生的思想在当前处于一个高度发展的状态,各种新思想的出现对大学生的整体发展有着很大的影响,但当前高校思想政治教育课程内容相对落后且单一,已经远远不能满足当前的思想变化局势,因此,如何最具时效性地对当代大学生的思想状况进行有效引导,让大学生获得最健康、最稳定的发展,是当前高校思想政治教育需要改革并落实的方面。

由于当前社会的发展趋势是逐渐开放且包容的,加上我国传统文化本身具有一定的包容性,当前我国文化的发展趋势已经呈现出了多元化的态势。而大学生作为新时代的青年群体,对各类不同文化的接受程度相对较高,也对新思想和新文化具有一定的好奇心和新鲜感,不管是外来的还是社会上本身具有的不良风气,都容易对大学生的思想造成一定的改变,尤其是当前短视频行业的兴起,更容易让大学生对不良思想做出主观判断,如一些消费拜金主义、传统官僚主义、过度自私的个人主义、历史虚无主义等,甚至还会出现部分封建思想,这不仅对大学生的思想素质有着不利的影响,还对我国高校思想政治教育工作带来一定的阻碍。

当然对外来文化我们也不能一棒子打死,对那些崇尚科学和独立自由、提倡平等和谐等优秀的思想还是需要当代大学生学习并运用的,这些优秀的思想不仅能让大学生的整体素质得到提升,还对我国的全面发展和文化建设起到促进作用。

因此,在当前多元文化融入的大背景下,我国高校的思想政治教育绝不能墨守成规,要做到与时俱进,确保能够与新的优秀思想进行融合,找到最适合当代大学生、能让当代大学生感兴趣的课程特点,对思想政治课程进行不断的完善和改革,将社会主义核心价值观融入思想政治课程中,以避免当代大学生受到不良思想的冲击,也能让思想政治教育带领学生获得全面的发展和进步。

四、社会主义核心价值体系在大学生思政理论中的发展

随着大学生思想政治教育问题越来越受到社会大众的关注,改善大学生思想政治教育现状,成为大学教育体系亟待解决的问题,而社会主义核心价值体系对大学生思想政治教育具有不可替代的重要教学价值,其教育理论对大学生思想建

设也有重要的助推作用，能确保大学生思想政治的正确性。将社会主义核心价值体系融入大学生思想政治理论，包括以下几方面的途径。

（一）坚持以马克思主义为重要指导思想

1. 政治方向的正确性

马克思主义指导思想是社会主义核心价值体系的灵魂，坚持以马克思主义为重要指导思想，就要坚持正确的政治方向。大学生应该充分认识到我国当前社会发展的重要成果，基于马克思主义指导思想，建设美好生活，而正确的政治方向是确保大学生未来发展以及人生信仰的重要前提。坚持马克思主义为核心指导思想，可以在错综复杂的国际环境中，坚持正确的政治立场和理想信念，借助马克思主义指导思想为大学生树立起正确的价值观念，从而在未来的发展进程中，为社会主义的发展贡献自身的力量。政治方向在当代的大学教学体系中，应该得到进一步的强化和重视，大学生思想政治教育工作还存在不少薄弱环节，需要思政工作者借助社会主义核心价值体系对其进行强化，从而帮助大学生积极抵御外部势力的侵袭和影响，确保大学生思想政治方向的正确性。

2. 教育原则的正确性

作为高等教育机构，高校开展大学生思想政治教育，务必要坚持正确的发展方向，尤其是教育原则的正确性，积极发展党的骨干力量，借助社会主义核心价值体系，开展具有高效性和科学性的大学生思想政治教育。作为教学机构，高校应该对大学生有足够的了解和认识，摒弃落后的教学理念，积极探索新的教学策略，将思想政治教育融入大学生的日常生活，发展和推进大学生的思想政治教育。另外，教育原则的正确性是对当前教学方针提出的更为具体的要求和标准，尤其是面对大学生多元化发展的趋势，高校要确保教育策略的有效实施，及时为大学生提供有效地帮助和支持。例如，不少学生在学习过程中，沾染了一些不良习惯，导致学习意识淡薄、学习动力不足，相关教学机构务必要给予足够的警惕和重视，同时在教育过程中坚持正确的教育原则，为学生树立正确的思想，将教育思想与管控策略相结合，提升学生的自律意识与自我鞭策意识，助力学生进行蜕变。

（二）坚持中国特色社会主义共同理想的发展理念

1. 强调思想政治教育的特殊性

大学生思想政治教育，关乎大学生的未来发展，以及其对于国家、社会、家庭的科学认识，因此思政工作者在进行大学生思想政治教育过程中需要循序渐进，逐步拓展教学思维以及教学理念，在教学过程中，提升大学生对思想政治教育的重视程度。以社会主义核心价值体系为依托，为大学生思想政治理念构建完善的发展体系以及发展脉络，逐步引导大学生担负起建设中国特色社会主义的责任。大学生是国家未来发展的希望，也是推动社会进步、国家发展的重要因素，因此强化思想政治教育，可以不断提升大学生的国家思想前沿认同感，加强大学生的参与意识，以社会主义核心价值体系为引领，帮助大学生在大学期间设定科学的发展规划以及发展目标，培养其以建设社会主义现代化国家为己任的大局意识，为国家发展贡献力量。

2. 加强大学生思想政治教育的有效途径

大学生的思想政治教育，需要结合社会主义核心价值体系，创新教学策略，助力大学生思想政治教育的有效提升，例如，在高校开展社会主义核心价值体系的演讲活动。在活动中表达对于国家、社会、学校的理解和感悟，凭借自身对社会主义核心价值体系的感受和理解，发表看法和见解。教师在活动过程中，应及时对学生的疑问、误解、问题进行科学的讲解和作答，并对学生的个人表现进行评定和褒奖。由于大学生的人生观、价值观等正处于关键的形成阶段，因此良好的思想政治教育可以为大学生创建良好的发展环境，助力学生的健康成长和科学发展，以社会主义核心价值观为引领，逐步培养自身的文化意识、思想意识，进一步提升和改善自身的精神文化。

3. 衡量大学生思想政治教育成效的标准

大学生的思想政治教育成效，无法用分数、成绩来衡量，但是可以在日常生活中进行展示和展现。例如，社会主义核心价值体系的内容丰富，是大学生可以终身研究和学习的重要思想，因此大学生思想政治教育成效，需要学生用一生去衡量。大学生要持之以恒地为国家、为社会、为家庭付出努力和汗水，不断提升自己的国家认同感，以建设中国特色社会主义社会为毕生努力的动力和方向。

（三）坚持以爱国主义为核心的理念

1. 坚持中国传统文化的有效传承

中国优秀传统文化是中华民族历代劳动人民、知识分子在自强不息、坚持不懈、玉汝于成的过程中不断创造出的奇迹，其中蕴含着丰富的讲仁爱、重民本、守诚信、崇正义、尚和合、求大同的思想精华和时代价值。五千多年的中华文明流传至今，凝结的文化基因和精神标识，为中华民族生生不息、薪火相传提供了精神滋养。中国优秀传统文化是中华民族文化自信的根源，是当代大学生思想道德素质提高、学校教育实效性的重要保障，也为校园文化提供了丰富的文化教育资源和厚积薄发的发展动力，是校园文化建设的精神宝藏。将优秀传统文化的精神精髓和价值内涵贯穿于学校文化建设之中，积极践行社会主义核心价值观，营造健康、积极向上的校园文化氛围，能潜移默化地引导大学生在浓厚的文化氛围中自觉学习，注重个人品行修养，树立崇高的理想和目标，奋发进取，成长为社会主义的建设者和接班人。

优秀传统文化的价值理念，为我国社会的健康发展注入了动力和能量，例如，道德是传统文化的重要组成部分，有助于促进社会不断发展和文明不断提升。当代大学生需要在学习先进科学技术的同时，培养自身的道德文化观念，同时在实际生活中加以应用，增强对国家、对社会、对民族的认同感。中国传统文化是社会主义核心价值体系的重要源泉，是大学生需要不断学习的重要内容，大学生应该坚持传播中国优秀传统文化，以推动社会的发展。中国优秀传统文化融入校园文化的育人功能主要包括以下几点：

（1）促进大学生树立正确的价值观念

校园文化是学校在自身发展过程中形成的具有鲜明特色的文化形式，是社会文化在校园中的特殊存在形式，具有一定的开放性。信息化社会中，多元文化的冲击和互联网的高速传播，精华与糟粕并存，很容易误导学生的价值取向，部分大学生文化自信和文化认同意识逐渐淡漠，人生观、世界观和价值观摇摆不定，拜金、利己、享乐等思想使得部分学生缺乏积极进取的精神和团结合作的意识。中华优秀传统文化孕育丰富的伦理观念和崇高的精神指引，大力弘扬传统文化，营造浓厚文化气息的良好校园环境和氛围，促使学生学习中华民族优秀的文化知识，体会优秀传统文化的精神力量，激发学生强烈的归属感和自信心，树立正确的价值理念，激励他们向上向善，形成积极向上的人生态度。

（2）激励大学生形成崇高的理想信念

校园文化建设以理想信念教育为核心，良好的校园文化从校园环境、校园精神、校园活动、学校制度等方面，影响着学生的思想观念、行为准则和价值追求，激励学生勇于奋斗、敢为人先、乐于学习和工作。中华优秀传统文化中蕴含的中国精神是不可忽视的重要文化力量，"修身、齐家、治国、平天下"的人生境界，"天行健，君子以自强不息；地势坤，君子以厚德载物"的人生追求等为理想信念教育和健全人格的培养提供了大量鲜活的素材，为大学生树立崇高的人生理想和信念提供了深厚的文化积淀和深远的精神动力。学生置身于充满感官感受和精神力量的文化氛围中，有志向也有力量追随古圣先贤，树立崇高的人生理想，并为之不懈奋斗。

（3）助力大学生提升文化素养

校园文化承担着学校文化育人的重要职责，校园物质文化的直观性、精神文化的隐渗性、制度文化的规范性和活动文化的体验性，使校园文化像空气一样包围着受教育者，让他不知不觉而自觉自愿地去感受，去体会，从而心甘情愿地接受教育。将中华优秀传统文化融入校园文化建设，传承和弘扬民族文化，从校园的文化景观设置、文化场馆的建造、传统文化活动开展、学校核心理念的架构、校园文明风尚的养成等方面营造浓厚的校园人文气息，使学生在耳濡目染中养成乐观向善、稳重平和、独立自信的优秀人格品质，从根本上提升大学生的人文素养。

2. 弘扬伟大的民族精神

民族精神是一个民族赖以生存和发展的精神支撑。缺乏民族精神，会导致国家丧失发展动力。大学生需要不断弘扬民族精神，培养以爱国主义为核心的民族精神，以社会主义核心价值体系为引领，努力提升对于民族精神的理解，为实现中华民族伟大复兴的中国梦不断奋斗。民族精神能够凝聚起全党、全国各族人民的力量，形成强有力的向心力，把全国各族人民聚集在党的周围，全面建成小康社会，加快推进社会主义现代化的进程。从新冠肺炎疫情防控可以看出，中华民族精神是中华民族历经沧桑而锐气不减、千锤百炼而斗志更坚的重要原因。大学生应该进一步弘扬中华民族精神，不断提升自身的精神修养和文化底蕴，助力国家和社会的稳步发展。

五、社会主义核心价值体系在大学生思政教学中的发展

利用社会主义核心价值观体系来引导大学生思想政治教育的工作是非常重要的，一定要以学生为本，去全面了解大学生当前的思想和期望，以大学生的兴趣为出发点来加强当前思想政治教育体系的改革。同时也要以加强大学生的民族精神、强化大学生的思想信念以及培养大学生的远大理想为主，让学生建立起一个良好的价值观和思想道德观。对社会主义核心价值观指导思想政治教育工作方面，可以对以下几点意见进行研究和实施。

（一）建设良好的思想政治教育环境

若想让思想政治教育能够有效开展，首先要求教师本身具有极高的素质和文化水平，让教师摸清楚社会主义核心价值观的内涵，而且能够将社会主义核心价

值观所展现的内涵以直观的方式融入教育中。同时还要加强教学模式的革新，保证以学生为主体、以兴趣为核心、以渗透为方法展开思想政治的教学，利用多媒体等先进技术去开展教学，要把学生的注意力吸引到思想政治教育课程上，而且也要确保课程内容的时效性，让学生在轻松的氛围中潜移默化地受到思想政治教育。同时导师一定要做好学生"第二家长"的责任，及时对学生的思想状况进行了解和反馈，并且要做到积极引导，确保学生能够在大学生活中得到足够的关心，在关心中获得思想上的提升和转变。

（二）加强教师教育和学生自我教育相结合

由于信息技术的不断发展，大学生能够接触到的信息越来越多，思想和价值取向也越来越多元化，因此思想和意识形态的"斗争"也是不容忽视的问题，资本意识形态所产生的诸如消费主义、拜金主义、享乐主义和过度娱乐主义等，很容易占据自制能力相对较差的大学生，面对这样的诱惑，当前更应当加强大学生的自制能力，一定要利用思想政治教育来加强大学生的自我教育能力。因此学校一定要加强课程的改革和完善，坚持以社会主义核心价值观为主导，潜移默化地让学生形成一种主动学习的观念，带动学生的民族精神和民族信仰，能够让学生主动抵御来自外界的诱惑，产生自我辨别能力，并且将正确的思想价值观念运用到生活和行动中。

（三）利用校内文化宣传

虽然我国一直以来都有"没有规矩，不成方圆"的说法，但由于当前大学生思想的转变，过多的规矩和约束只会增加大学生的反感以及叛逆心理。因此针对当前大学生的约束一定要从单纯的条例和命令式约束向文化和人性化的方式进行转变，在利用大学生感兴趣的方式宣传中华文化传统美德的同时，一定要加强对学生的人文关怀，做到平等对待学生，在学生放松的情况下进行思想政治方面的教育。同时也要积极开展校园文化活动，以一种新奇且有趣的方式带动学生的参与积极性和学习积极性，同时也要把社会主义核心价值观的内涵与元素融入文化活动中，确保学生能够在一种放松的氛围中获得思想方面的提升。

（四）加强教师对学生的理想和信念教育

由于外来文化的大肆入侵，当前很多大学生都认同西方相对自由散漫的思想，反而觉得中华传统文化相对落后，因此一些大学生缺乏民族自尊心和自豪感，很容易出现因为缺乏信念而价值观偏离实际的情况。加强民族自信力也是社会主义核心价值观的内涵价值之一。因此想要利用社会主义核心价值体系帮助大学生建立良好的理想和信念，就一定要通过潜移默化的方式来让学生认识到自己的理想和国家前途的关系，要让学生明白先辈们辛苦奋斗的目标和结果，认识到党是如何带领中国人民脱离战争和贫困，一步步走向富强和安康的，同时也要教育学生中华民族五千年历史的文化价值和传承精髓，激发学生的民族自尊心和民族自豪感，让学生感到自己民族的东西才是最应当传承的。因此高校的思想政治教育者应当积极转变教育模式和教学内容，在教学中加入党史国史内容，加入中华民族历史的内容，让学生在历史中感悟文化的魅力、感悟中华民族的核心精神。同时可以利用电影放映、舞台剧、校园集体活动等方式来加强对党史、国史文化的宣传与渗透，要利用一切学生感兴趣、能在学生群体中流行的方式加强思想政治教育，潜移默化地引导学生建立起强烈的民族自尊心和民族自豪。

第二章 高校思想政治建设课程的理论创新

本章针对高校思想政治建设课程的理论创新展开论述，围绕三个方面进行阐释，依次为新时代"立德树人"理论在高校思政课的落实、高校思政理论课"以学生为本"教育模式探析、抗疫精神融入高校思想政治理论课的策略研究、思政课程与大学生创新创业结合的融合路径。

第一节 新时代"立德树人"理论在高校思政课的落实

一、"立德树人"理论在新时代的内涵

党的十八大提出"把立德树人作为教育的根本任务"[①]，这为我国新时代教育事业的发展指明了方向。高校思想政治工作是高校教育工作的重要组成部分，必须要坚持立德树人。立德树人作为高校的立身之本，符合高等教育内涵式发展的时代要求，是实现高校特色办学的重要举措，明确了高等教育的历史使命和根本任务。高校实现立德树人根本任务有助于学生坚定理想信念，有助于学生锤炼道德品质，有助于学生养成良好习惯。

二、"立德树人"理论在高校思政的新时代特征

（一）引领科技创新与卓越人才培养

社会发展离不开科技创新，而科技创新需要人才牵引，时代对人才的迫切需求孕育出对人才的更高要求，即为人之德与为才之道的有机融合。时代需求的德不仅为自然人的德行，还要有成才的素养。德是人的广度，才是人的深度，有了广度才可能挖掘出更有深度的才能。就一个社会群体来讲，有德无才或可和谐稳定，有才无德却会种下恶果，只有有德之才才能发挥科技的最大效能。被科学武

---
① 中国共产党第十八次全国代表大会 2012 年 11 月

装的头脑更需要道德去引领,这是立德树人对全面成才的要求,更是回答"培养什么人、怎样培养人、为谁培养人"这一教育根本问题的答案。

(二)构建"三全育人"教育体系

立德树人是受教者、施教者、教育载体与内容以及教育保障等要素共同作用的广义教育,需要营造共育大环境,将"三全育人"推及到人发展的全过程、涉及的全员和全方位,构建全社会的"十大育人"体系。立德树人可视为人与人之间有意无意的交际沟通,其有意在于知识技能传播过程的有形载体与体验形式,其无意在于德行塑造过程中潜移默化的无形感染。高等教育面对极具成才潜力且处于思想活跃、德行养成与提升重要阶段的青年群体,首先成为立德与树人的重要环节,被赋予更全面的职责。"三全育人"已被纳入新时代评价高等教育水平的重要指标,成为"立德树人"的重要保障。

(三)立德与树人的高度融合

立德树人是一项复杂工程,立德与树人相生相长,立德要贯穿于人才培养的全过程。立德与树人的各自时代特征有机融合,是立德树人的最高层次,其融合要体现在思想与行为的统一、育德与育才的统一、道德与功利的统一和自我发展与社会需求的统一上,实现真正的以德育才、以才育德。新时期对人才的需求要打破偏重"才"的固化思维,构建更为全面的德行外化考评体系。切实提高教育的全员德育责任意识,打通德育与才育的教育载体,更好地实现立德与树人的融通互助,将价值塑造有机融于知识传授和能力培养的全过程。

(四)高等教育内涵式发展的根本要求

高等教育内涵式发展就是要围绕有利于高等教育五大基本职能发挥开展内部深化改革,坚持人才培养第一任务和师资队伍建设第一动力,而这两者是立德树人的核心载体。内涵式发展立足事物的本质属性,强调要素的质量和效率,是一种自我调整与优化地发展路径。立德树人是高等教育内涵发展的根本要求,需要更多"四有"好老师对"四个引路人""四个相统一"标准的自觉践行。高等教育的内涵就是要立社会主义之德,树合格的社会主义建设者和接班人,这也是高等教育迈进高质量、内涵式发展新时代的根本要求。

三、新时代"立德树人"在高校思政课教育中的落实

（一）"立德树人"在思政课程教育理念中的落实

1. 价值塑造

大学生的价值取向决定了未来社会的价值取向，因此立德树人的根本任务是大学生的价值塑造。大学是价值观形成和确立的时期，这一时期的价值观塑造对高校教书育人和社会发展都非常重要。一个民族、国家没有共同的核心价值观，就会行无依归、无法前进。价值塑造要进行信仰塑造、生命塑造和新人塑造，既要培养有信仰、有精神追求的人，又要培养具有追求生命超越、实现自我价值的人，还要培养担当民族复兴大任的时代新人。

2. 知识传授

教师不仅要进行知识的传授，更要塑造灵魂、塑造生命。高校教师要树立使命感、责任感，激发内在动力，掌握先进的教学方法和手段，夯实专业知识。教师在教授学生专业知识的同时，要把实现民族复兴的理想和责任融入课程知识的传授过程，提高知识传授效果，为思政教育提供知识基础和储备，使专业知识传授与思政教育同向同行，实现专业知识传授、应用能力培养和社会价值引领的有机统一。

3. 能力培养

青年大学生要练就过硬本领，勇于创新创造，锤炼高尚品格，才能肩负起时代赋予的重任。高校要以问题为导向，以能力培养为核心，培养学生的辩证思维、学习应用、社会实践等能力，全面提升学生的综合能力。大学生必须从自身条件、兴趣爱好着手，强化专业学习，把特长转化为核心竞争力。

4. 系统思考

系统思考能力是构建深刻洞察力的重要方式。系统思考对应的是系统运作背后的结构，具备这个能力，可以从行为上对系统进行设计，对知识进行把握、运用。系统思考可以使学生在生活、学习中看清问题的本质、理清事情的因果、掌握事件的全貌，形成纵观全局的思考能力，给组织运营、社会活动带来新的生命力。

5. 素质提升

高校教育应当注重大学生的素质养成，促进其学识和道德同步发展。大学生应有"事事关心"的责任感，更要有"苟利国家生死以，岂因祸福避趋之"的社会担当，大思政教育应强化青年学生的时代责任感和历史使命感，强化政治意识、

大局意识、核心意识、看齐意识，不断提升素质。

（二）"立德树人"在思政课程教育实施中的落实

1. 学校层面：修德修能、成人成事

修德修能是成人成事的前提，成人成事是修德修能的结果。只有不断完善自我、修悟自我，才能成就美好人生和伟大事业。修德成人、修能成事就是在思政教育中加强教师和学生的道德修养，注重道德实践，坚定理想信念，学会做人，更好地成事。对于修德、成人而言，既要志存高远持大本，修政治思想之大德，为国为民，做社会主义事业接班人，也要修身齐家持小本，立足平时修自我之小德，求学成才，成人做事，在实践中不断践行自我、提升自我、完善自我，做一个品德高尚、德才兼备的人，为中华民族的伟大复兴贡献自己的力量。

2. 教师层面：教育报国、立德树人

师者，教之以事而喻诸德也。教师要存教育报国之信念，强化涵养、尚德、博爱、博学、烛照之品格；修炼求精、传道、授业、解惑、创新之本领；立德树人，成为学高为师、德高为范之人，为社会主义事业培养建设者和接班人。提升教师课程思政教学能力，坚定教师信念使命，是高校落实立德树人根本任务的重点和难点。高校要从革新教师教育理念入手，加强信念建设，强化教师的教育初心和使命担当，坚定"教育报国守初心、立德树人担使命"的信念，增强其教书育人的荣誉感和责任感，打造高水平育人师资队伍，落实立德树人根本任务。

3. 学生层面：明德致远、使命担当

学生是社会主义事业的接班人。明德是明诚信、情怀、使命、担当之德。致远是格物致知、系统思考、自主创新、躬身践行之远；使命是成为德智体美劳全面发展的社会主义事业建设者和接班人；担当是以学为舟、以攀为登，学海遨游，登高铸远，在遨游和攀登中，不忘初心、砥砺前行，肩负为国为民的社会担当。大学生肩负着社会发展、民族复兴的重大责任，在关注专业学习的同时，要不断陶冶情操、健全人格，树立正确的价值观、人生观和世界观，追求崇高的人生目标，树立远大理想，努力成为社会主义建设的接班人和主力军。

第二节 高校思政理论课"以学生为本"教育模式探析

一、高校教育工作中"以学生为本"理念的概述

（一）人本原则的内涵

坚持人本原则就是坚持贴近主体之一的受教育者群体。大量具有重复性的精准社会调查均证明，现如今我国青年学生的政治素养和思想教育水平总体来说较为良好。他们在日常生活和学习中思想活跃、拥护中国共产党、热爱祖国，并在社会和学校的双重影响下成长为对中国道路、理论、制度、文化等方面充满自信的社会中坚力量，并且坚信社会主义现代化伟大蓝图和中华民族伟大复兴的壮阔目标能够实现。可是，在西方资本主义意识形态的冲击下，我国部分高校大学生思想同样也面临着冲击和挑战，而且逐渐受到一些拜金主义和民族虚无主义的影响，表现出对过往历史和民族英雄甚至是对中国共产党的质疑和否定。作为思想政治教育理论传播载体的高校如果不能够深刻认识到贴近青年学生，彻底了解他们的思想变动历程的重要性，那就只能是被认为进行"灌输式"的填鸭教育。教师应更进一步地与学生沟通交流，运用全新的教育教学方法来去了解青年群体的思想症结、心理诉求，将自己置身于青年学子的群体中去，才能在生活和学习中与他们进行更好的交流和沟通，达到教育双方的相互理解和支持。

（二）人本原则中"以学生为本"理念的提出

苏霍姆林斯基所说的个性全面和谐发展就是把丰富的精神生活、纯洁的道德、健美的体格、高尚的审美、丰富多样的兴趣爱好、具有个体差异性等要素和谐融合在一起。苏霍姆林斯基认为只有个性全面和谐发展的人，才是精神富足的人。而落实人本管理教育理念涉及的主体很多，需要各方配合与协同管理作用，才能共同推进人本教育理念落到实处。对教师来说，作为学校管理的主动者也是被管理者，想要确保教育教学工作的成效，学校全体教师需要团结一致。而学校领导者需要将教育的信仰变成教师集体的共同信仰，开展大量深入细致的工作，领导全体教师进行创造性劳动。对学校来说，创设良好的物质基础和校园文化环境是管理好一所学校的重要方面，学校的责任不仅是传授学生专业知识，还需要培养学生精神层面的爱好和要求。首要因素就是需要确保学生能够积极参加社会活动。在苏霍姆林斯基观点中，认为学校教育管理需要将劳动实践纳入教育体系，培养

学生德智体美全面发展。将学生培养成真正独立的个体，挖掘学生身上的创造性劳动价值，让学生收获劳动技能，成为精神富的合格公民。此外，苏霍姆林斯基还认为学校应使教育效果最大化，让学生成为一个人格健全、幸福成长的人。当然也离不开家庭教育的力量，学校教育管理需要家长的配合，学生也需要在良好的家庭环境中，在具有一定文化和教育素养的家长教育理念下，更好地成长。

二、高校教育融合"以学生为本"理念的策略

（一）开展各项管理工作应坚持以人为本理念

为了适应当前高等教育发展的新形势，高校所开展的各项管理工作需要坚持以人为本的教育理念，把维护教师与学生的根本利益作为管理活动的出发点，以促进教师教学质量和学生综合素质不断提升为目标开展各项教学活动，积极转变工作作风，树立为师生服务的意识。高校只有在教学管理活动中坚持这一原则，才能设身处地为教师和学生提供优质的服务，使以人为本的教育理念得到贯彻执行。当教师和学生感受到高校管理工作所发生的变化之后，他们就会以更加积极的态度来进行教学与学习活动，发挥出各自的作用。这样，不仅能使高校的教学管理水平得到不断提升，而且学生也能积极地配合教师做好日常的教学工作。所以，高校教师要贯彻以人为本的教育理念，改变自己对教学工作的认识，紧紧围绕提升学生综合素质来开展各项教学活动，不断提高教学质量。

（二）对原有教学管理制度进行优化

高校教学管理制度对于促进教学活动的开展具有非常强的规范作用与指导意义。但是在一些高校，其教学管理制度的制定忽视学生的主体地位和教师的主导作用，导致各项管理制度无法适应最新的教学活动的需要。为了改变这一现状，高校在制定教学管理制度的过程中，要积极贯彻以学生为本理念，对原有的教学管理制度不断优化。在优化的过程中，高校要将以学生为本理念渗透并融入教学管理制度中来，紧紧围绕学生的全面发展来开展各项教学工作。在教学过程中，既要尊重学生个性发展特点培养学生的创新精神，又要重视学生综合素质的全面提升；在课程设计上，要确保学生的人文素养和专业理论知识以及实践技能得到同步提升。

因此，高校只有紧紧围绕学生的全面发展来制定教学管理制度，才能使本校的课程设置更加合理，为学生的个性化发展创造有利的条件。为了提高学生的就

业技能，高校要贯彻以学生为本的教育理念，紧紧围绕学生未来的就业来开展教学实践活动，不断提高学生的实践能力，使学生能够更加适应未来的工作。高校要给予教师充分的教学权限，让他们根据教学大纲灵活确定教学内容，将行业发展的最新内容融入课堂教学中，弥补教材内容的不足。只有做好了这些工作，使高校的教学管理制度更加完善，才能更好地促进以人为本理念的融合与渗透。

（三）不断加大对高校教辅人员的关注力度

在高校的教学管理活动中，辅导员、教学秘书以及后勤管理人员等教辅人员，对于促进学校教学管理质量的不断提升也有很大的推动作用。但是在传统的教学管理活动中，一些高校对这些人员的关注力度存在不足。为了更好地促进以人为本理念在高校教学管理中的融合与渗透，高校需要在教学管理中不断加大对教辅人员的关注力度，为他们开展工作创造有利的条件。高校管理层要积极深入到教辅管理人员中了解他们的诉求，积极制定各项教学管理激励政策，促进教辅人员以更加饱满的激情开展工作，使本校的各项教育改革措施都能有效落实到日常的教学管理中。高校只有贯彻以人为本的教育理念，不断加大对教辅工作人员的关注力度，积极帮助他们解决教学管理工作中遇到的各种困难，并在职称评定、岗位晋升等方面对他们适当倾斜，才能更好地推动本校教学管理质量的不断提升。

（四）转变以往的教学模式

在高校以往的教学模式中，教学任务是重中之重，所有的工作重点都与教学有关，其他的工作都属于辅助性的，可有可无。对于教师而言，其目的就是完成教学任务；对于学生而言，其只要考试顺利通过达到标准，就算完成所谓的目标。显然，不转变这种陈旧的教学模式，就无法满足当前社会对于各种高素质人才的需求。因此，高校在教学管理中要融合与渗透以人为本的教育理念，不断提升和激发教师的教学热情。高校教师要创新教学方法，充分融入当前的各种先进技术，及时调整教学模式，在学生面前也不可高高在上。此外，还有一个现实问题，就是高校教师大多身兼数职，一些教师把教学管理工作当作任务，应付了事，缺乏对教学管理工作的热情。因此，要想在教学管理中有效渗透以人为本的教育理念，关键在于教师要积极改变自身的工作态度，提升育人实效。教师应积极改善和革新以往的教学手段，从专注课本教学转向实践教学，有效激发学生的学习热情，这对他们今后的学习和工作能起到极大的促进作用。

(五)实行民主化的教育管理方式

高校想要在工作中真正渗透以人为本的教育理念，就应当从民主管理方面入手，实行民主化的教育管理方式，因为这是其获得稳定且可持续发展的动力源泉。实际上，各高校的教师大多都具有较强的民主管理意识，让他们参与教学管理，树立主人翁意识，可以充分发挥他们的能力，增强他们对教学管理工作的热情和积极性。除此之外，高校要制定相应的民主管理制度，强化监督，营造宽松和谐的教学环境，真正让教学管理工作达到预期的效果。

三、高校思政课程教学中的"以学生为本"理念探析

(一)"以学生为本"对思政课程教学效果提升的影响

1. 优化思政课教学

社会风气、社会思潮及各种言论都会影响到高校思政课，主要是由于它不仅仅是一门大学生理论课程，更是一个融合了实践性、理论性、科学性、思想性为一体的包含内容非常多的开放性的体统。高校教师必须做的一件事情就是让学生在社会主义核心价值观的引导下形成正确的思想和行为，用这样一种面貌去了解这纷杂的社会现实。另外根据学生的需要而进行教学是现在高校思政课程普遍存在的一个问题，这是由于教学的内容受到教师的教学风格、教学使用的形式、教师自己的教学方法等方面的影响，而没有针对学生的个体差异和学生之间对思政内容的理解的深浅不一，不能因材施教。高校思政老师必须从学生的角度出发、了解学生的群体特点，提高思政课质量，一名思政老师要把思想课讲好，让学生叫好，就必须具备思政大视野、善于讲大思政、从时代格局的角度出发，用全新的引进来、走出去的模式，构建全面参与、多元交流、入脑入心的思政课堂。

2. 优化思政课实践

为了让学生的思想跟随"大思政课"的趋势，我们首先要有打造"大思政"意识，构建"大思政"的精神世界，不能单单拘泥于课堂之中的思想政治理论教育，应当将实践与课程相结合，学生是社会中的人，应当积极地参与社会建设的实践活动，这是马克思主义改造世界本质中得来的真理。将校内和校外打通，让理论与实践充分融合。在伟大的抗疫实践和脱贫攻坚以及航天工程中，使学生增强民族责任感和民族使命。思政课不仅应该在课堂上讲，也应该在社会生活中来讲。为了让思政课有魅力和活力离不开社会实践。为了让学生更好地理解社会现

实背后的根本原因，合理利用马克思主义原理、方法解决实际问题，唯一的途径就是让学生实际参与、立足生活、服务人民，将学校所学与社会实践结合起来，在实践中增强"四个自信"。

（二）"以学生为本"理念推进思政课程教学的途径

1. 深入调研，分析把握大学生思想变化规律

思政课之所以吸引力不强、"抬头率"不高、获得感不多的主要原因是思政课教学缺少对大学生思想状况的调研，大学生关切的问题、困难不能通过思政课予以解决或解答，导致学生对思政课的学习兴趣不高。所以，搞好思政课教学就必须坚持开展意识形态、思政教育、安全意识、师德师风及思想动态等方面的调研。通过调研找出问题和症结，发挥理论指导实践的作用，引导学生掌握正确认识问题、分析问题、解决问题的方法，真正让学生切身感受到理论是行动的先导。

2. 强化体验，真切感受理论成果的伟大力量

理论不是空的，也不是虚的，而是实实在在与实际相联系的。大学生对理论学习感到枯燥、乏味、无趣，主要原因是缺乏真实体验。思政课教学长期停留在黑板上、屏幕上、教室里，学生虽然有时听得精彩、看得热闹，但学得苦恼，很难触动内心。而体验式学习是直接认知、欣然接受、灵活运用当下所学知识及能力的过程。学习主体从其亲历和反思中获得认识和情感。这样的思政教育方式方法所产生的效果是深层次的、永久性的。所以，在课堂教学之外，还应当组织开展经典诵读、道德小品、故事讲演、影视展播、合唱比赛、红色实践、志愿活动等，以丰富多样的形式让学生参与体验，感悟思想。

3. 自我教育，突出学习主体互动、互学、互鉴的自觉意识

苏霍姆林斯基说过："没有自我教育就没有真正的教育。"教育的一个重要目的就是培养和提高学生的能力，通过加强自我教育，推动自我学习、自我革命、自我提高，真正实现教育自觉化。这是突出"以学生为主体"的最好方式。因此，高校思政教育要充分发挥学生的主观能动性，调动自发参与和开展丰富多样的自我教育活动，比如思政面对面、征文活动、辩论比赛、微课展演、作品展览、思政小记者及志愿行等活动。在教师指导下，由学生以组织、设计、参与、交流等不同方式进行相互学习，这些方式要比教师的灌输更加容易接受，印象也更加深刻。

第三节　抗疫精神融入高校思想政治理论课的策略研究

一、抗疫精神的时代内涵

（一）为民精神：人民至上、生命至上

在这场突如其来的新冠肺炎疫情阻击战中，党中央高度重视，坚持以人民为中心，始终心系广大人民群众的生命安全和身体健康，并将其摆在关键位置。不惜一切代价，全力以赴救治患者生命，无论是刚出生的婴儿，还是年岁已高的老人均不放弃。同时，采取积极举措，全力保障广大人民群众的生活便利和身心健康，全力维护身处海外中国公民的生命安全，给海外的中国留学生等群体发放抗疫"健康包"，帮助确实存在困难的中国公民安全回国。同时，也给予了留在中国的外国留学生充分的人文关怀。这些都将抗疫中的为民精神体现得淋漓尽致。

（二）团结精神：举国同心、同甘共苦

面对突如其来的新冠肺炎疫情，党中央总揽全局、全面部署，中国人民团结一致、万众一心，形成了抗击疫情的坚固防线。"仅用10多天时间先后建成了火神山医院和雷神山医院、大规模改建16座方舱医院、迅速开辟600多个集中隔离点，19个省区市对口帮扶除武汉之外的16个市。"[①] 基层党组织奋勇当先，社区工作者昼夜奋战，广大党员、干部示范引领，人民解放军指战员、公安民警、武警部队官兵冲锋在前，广大科研工作者攻坚克难，数百万"快递小哥"马不停蹄，无数环卫工人起早摸黑，新闻工作者驻守疫情前线，无数志愿服务工作者和"宅"在家中的普通人等，都在以不同的方式抗击疫情，全国上下勠力同心、和衷共济，形成了战胜疫情的磅礴伟力。

（三）奉献精神：舍生忘死、敢于担当

疫情发生后，广大医务工作人员、防疫抗疫工作者舍小家顾大家，果敢出征、百折不挠。他们英勇无畏、奋不顾身，将个人得失、生死置之度外，涌现出了一大批感动人心、可歌可泣的先进典型和感人事迹，谱写了一曲曲荡气回肠的英雄赞歌。李文亮、夏思思、彭银华、张静静、宋英杰、袁洋洋等就是其中的优秀代表，他们在抗击新冠肺炎疫情斗争中献出了自己宝贵的生命，不仅用血肉之躯构筑起抗击疫情的坚固城墙，书写了英勇悲壮的抗疫诗篇，更彰显了新时代青年群体的

[①] 辛鸣. 论伟大抗议精神[N]. 学习时报，2020-09-14（001）.

"硬核"担当。

（四）实践精神：尊重科学、开拓创新

面对来势汹汹的新冠肺炎疫情，中国始终坚守科学精神，向科学寻找答案、获取方法。在决策指挥、技术攻关、病患治疗、社会治理等各方面都始终遵循科学规律。防控决策、患者医疗救治方案、技术攻关、社会治理水平和治理效能的提升等，都与科学息息相关。疫情发生后，我国迅速启动了一系列应急科研攻关。实行中医与西医相结合、中药与西药并用的综合疗法，采用多条技术路线研发疫苗，率先研制核酸检测试剂，开展大规模核酸检测，利用大数据、人工智能加强人员排查、监测，实行分区分级差异化防控，精准推进复工复产，有序恢复生产生活秩序，充分彰显了科学的价值和力量。

（五）担当精神：命运与共、共克时艰

我国的防疫抗疫经验为世界其他国家预防和抗击疫情提供了中国方案，贡献了中国智慧和力量，为全球防疫抗疫工作提供了源源不竭的动力。在中国疫情取得重大战略性成果时，在严格预防国外输入和国内反弹的基础上，在自身抗疫还面临较大压力的情况下，中国主动向其他国家分享防控和救治经验，"向200多个国家和地区提供和出口防护物资，向150个国家和4个国际组织提供283批抗疫援助，向32个国家和地区派出34支医疗专家组"[1]，以实际行动积极彰显了中国作为一个负责任大国的担当精神。

二、抗疫精神融入高校思政课的思想前提

（一）教师认知与态度：伟大抗疫精神融入高校思政课的思想前提

伟大抗疫精神融入思政课，首要的是全体思政课教师牢牢把握思政课的意识形态属性，认清伟大抗疫精神融入思政课的落脚点是立德树人，保证"融入"的政治方向正确，是为了培育社会主义核心价值观、增强学生"四个自信"、坚定学生理想信念。伟大抗疫精神融入思政课要坚持政治性，避免陷入"为了融入而融入"的怪圈，必须牢牢把握思政课的意识形态属性。教师要加强科学研究，打牢思想基础。马克思曾指出："理论只要彻底，就能说服人。所谓彻底，就是抓住事物的根本。"[2] 进行深入的科学研究是掌握"彻底的理论"的重要途径，是教师

---

[1] 辛鸣. 论伟大抗议精神 [N]. 学习时报，2020-09-14（001）.
[2] 马克思. 黑格尔法哲学批判 [M]. 北京：人民出版社，1963.

上好思政课的前提。这要调动广大思政课教师的积极性、主动性、创造性，研究透、把握住伟大抗疫精神的理论背景、理论价值、理论内涵和运用规律，才能更好地将其运用于教学实践。其一，要注重引导思政课教师加强对伟大抗疫精神的研究，找准伟大抗疫精神与思政课教学的契合点，学懂弄通伟大抗疫精神的内在逻辑，实现科研工作与教学工作同向同行。其二，要注重加强思政课教师的党性修养。欲人勿疑，必先自信。要让有信仰的人讲信仰，伟大抗疫精神本就是坚定教师自身理想信念的宝贵精神资源，可以通过采取组织教师观看抗疫纪录片、共同学习讨论伟大抗疫精神等实践研修活动，以伟大抗疫精神提升教师思想境界，助力于将学习成果转化为教学资源，筑牢伟大抗疫精神融入思政课教学的思想基础。

（二）教学设计与实施：伟大抗疫精神融入高校思政课的关键环节

教师要将伟大抗疫精神融入思政课教学设计，须根据五门课程的特点各有侧重地融入，整体规划，避免重复。"思想道德修养与法律基础"课是讲授伟大抗疫精神的最主要课程，要着重讲授伟大抗疫精神的科学内涵、深厚价值，引导学生树立科学的世界观、人生观、价值观；"毛泽东思想与中国特色主义理论体系概论"课，应着重讲授伟大抗疫精神的理论依据、生成背景、逻辑体系；"马克思主义基本原理"课是思政课的理论基础，应着重讲述伟大抗疫精神体现的辩证唯物主义、历史唯物主义、科学社会主义原理；"中国近现代史纲要"课要重点从党的百年奋斗历程中来探讨伟大抗疫精神生成的历史依据和必然性；"形势与政策"课要讲授伟大抗疫精神的实践历程和最新体现，突出时效性，在比较中引导学生正确认识当代中国和外部世界，引导学生树立"四个自信"。在课程设计上，还要通过专题教学、案例教学等方式进行融入。伟大抗疫精神融入思政课的教学实践，一是要通过课堂教学主渠道，讲好人民抗疫的故事。思政课会讲故事、讲好故事十分重要，思政课教师要提升讲故事的能力。伟大抗疫精神融入高校思政课要求教师提高鉴别力，甄选出能够凸显伟大抗疫精神的好故事，用心、用情去讲好抗疫故事，丰富讲故事的形式。要讲清楚伟大抗疫精神蕴含的道理，彰显理论魅力，不能简单地进行长篇大论的灌输，而是要沿着伟大抗疫精神的生成逻辑步步深入，讲明白贯穿其中的马克思主义基本原理和方法，使学生在理论上有提升、思想上有收获，透过伟大抗疫精神，掌握马克思主义分析问题、解决问题的思维方式和能力。二是要融入思政课实践教学。实践教学是提升教学效果的重要方式，可以通过组织学生讲述"我的抗疫故事"演讲比赛、征文比赛，组织"抗疫英雄走近学生"专题报告、观看抗疫纪录片、研讨交流等多种形式的活动，深入宣传伟大抗疫精神，激励广大学生大力弘扬抗疫精神，坚定斗争意志，克服艰难险阻，为实现中华民族伟大复兴的中国梦学好知识、成长成才。

（三）教学环境与评价：伟大抗疫精神融入高校思政课的有力保障

良好的环境对于伟大抗疫精神融入高校思政课产生促进作用，对于教学效果是有力的保障。目前，全球抗击疫情形势依然严峻，我国外部环境存在着诸多不确定性。相比之下，我国疫情防控取得战略性成果，是伟大抗疫精神融入思政课的有利环境因素。教师通过教学将伟大抗疫实践升华为理论的认同，体现思想政治教育的及时性，有效提升思想政治教育的针对性，在这一环境下，伟大抗疫精神融入高校思政课可达到事半功倍的教学育人效果。同时，伟大抗疫精神融入高校思政课，使学生更易理解、支持、配合防疫工作，进而形成社会防疫大环境的有利因素。伟大抗疫精神融入教学评价，一是对于学生的评价，思政课的结业考查可以通过撰写伟大抗疫精神相关小论文、测试等形式检验和巩固育人效果；二是对教师、教学的评价，思政课教师通过学生对于自身教学工作的评价，掌握伟大抗疫精神融入思政课的现状、问题，以及学生仍然存在的思想困惑，有针对性进行答疑释惑，强化育人效果。

三、抗疫精神在高校思政课中的具体内容贯彻

（一）抗疫精神在高校思政课中的实施路径

1. 思政课教学内容上融入抗疫精神

伟大抗疫精神融入思政课的内容研究指向两个不同的研究方向：一是融入思政课的内容研究。要从民族复兴的历史进程认识中国战"疫"的伟大意义，在对比中彰显中国特色社会主义制度的优越性，展现大国担当，涵育人类命运共同体理念。抗疫斗争充分彰显中国特色社会主义制度优势，具体体现在党对疫情防控的集中统一领导，以人民为中心的疫情防控理念，集中力量抗击疫情的制度特色，这些内容可以有机融入思政课关于社会主义制度优势的教学中。二是融入思政课教学内容中。要把伟大抗疫精神融入马克思主义理论、民族精神、人生观、社会主义法治、新时代公民道德建设等方面的教育中。伟大抗疫精神生动展现了社会主义核心价值观的精神力量、中华民族共同信念的价值追求，彰显了人类命运共同体的共同价值，这些都要在思政课中融会贯通。

2. 思政课教学方法上融入抗疫精神

伟大抗疫精神融入思政课的方法包括原则性方法和具体方法。原则性方法研究主要讨论伟大抗疫精神融入思政课的基本原则。以伟大抗疫精神融入"概论"课为例，提出要坚持整体性原则、政治性原则、关联性原则。伟大抗疫精神融入思政课要坚持科学性原则和价值性原则相统一、文本阐释和现实关照相统一、反思性原则和建构性原则相统一。在融入的方法原则上，要坚持正确鲜明的价值导向、坚持循序渐进地融入渗透、坚持发挥学生的主体作用。把伟大抗疫精神融入思政课的具体方法方面，要了解大学生的疫情认知和抗疫认识，讲好中国抗疫故事，突出大学生的主体性，营造良好的抗疫故事教学氛围，要充分发挥新媒体技术，强化抗疫故事教学的鲜活性。在伟大抗疫精神融入思政课过程中，要讲事实，以事实说服人；讲形象，以形象打动人；讲情感，以情感感染人；讲道理，以道理影响人。

3. 思政实践教学中融入抗疫精神

社会实践育人是青年学生思想政治教育的重要途径。结合青年学生的特点特长以及疫情防控常态化需要，通过组织青年学生积极参与疫情防控实践各个领域、各个环节，使其在实践活动中理解和感悟"抗疫精神"的精髓和价值，达到将"抗疫精神"内化于心和外化于行的目的。

（1）借助思政课实践教学要求融入"抗疫精神"。思政课教师可结合暑期、寒假或者周末社会实践活动等，组织学生到街道社区、农村地区开展"抗疫精神"宣讲，同时将课堂学习到的防疫知识和抗疫先进事迹等宣传到广大人民群众心中，使青年学生在宣讲的同时更加深刻理解"抗疫精神"的内涵，同时增加社会责任意识、服务意识、爱国意识和担当意识。

（2）引导青年学生发挥自身优势，自觉投入抗疫实践，践行"抗疫精神"。高校组织青年学生利用所学专业优势，在老师的带领下，积极参与核酸试剂盒、疫苗、药品、医用呼吸设备、消毒剂等抗疫物资的生产和研发，支持和帮助优秀青年学生到抗疫斗争急需的重点行业、关键领域就业和创业，让青年学生的青春在抗疫斗争中绽放绚丽之花。

（3）积极组织开展抗疫主题社会实践和志愿服务活动。学校思政教育工作者可以充分利用暑期文化科技卫生"三下乡"社会实践活动和寒假社会实践活动这一特殊课堂，组织青年学生志愿者、学生社团到广大的抗疫一线开展"助力疫情防控，投身强国伟业"相关主题志愿服务活动。活动中，一方面积极开展口罩、书籍等物资捐赠、抗疫精神宣讲、基层调研、抗疫故事视频拍摄等服务活动；另一方面引导青年学生争当抗疫一线的志愿者、为抗疫人员子女提供学习辅导、帮助因防疫导致生活困难的孤寡老人、疫后心理疏导等。疫情防控常态化背景下，积极组织引导青年学生参与到疫情防控斗争中，不仅更加深入了解真实的疫情防控战争，更加真切地体会到"抗疫精神"的伟大魅力和精神力量，还能在实践中锤炼青年学生的道德品质，提高学生解决实际问题的能力。

（二）高校思政课讲好抗疫精神的重点

1. 讲清楚伟大抗疫精神的丰富内涵

"生命至上、举国同心、舍生忘死、尊重科学、命运与共"是相互联系、有机统一的整体。生命至上是前提，是我党人民至上的政治品格的集中体现。从出生仅30多个小时的襁褓婴儿到年逾百岁的老人，从在国外求学的学子到来华的外国友人，每一个生命都得到全力保护，这是党全心全意为人民服务根本宗旨的最好诠释。

举国同心是力量牵引和动力来源，彰显了中国人民同舟共济、同心同行的精神品质。抗击疫情不是国家和政府的单兵作战，而是一场齐心协力的人民战争。在这场没有硝烟的战"疫"中，全国人民都以不同的途径和方式参与了这场战争，从全国各地医护人员驰援湖北，到各行各业工作者坚守岗位、奔赴前线，再到社会各界和海外侨胞的纷纷应援，这些无数身影凝聚起了众志成城抗疫的必胜力量。

舍生忘死是中国人民抗疫的精神支柱，是中国人民爱国情怀的深刻凸显。在疫情"大考"面前，无数中华儿女临危不惧、挺身而出、视死如归，这些感人的事例和瞬间数不胜数，既动人心魄又温情脉脉，彰显了中国人民战胜一切困难而不被困难战胜的顽强意志。

尊重科学是方法途径，是中国人民实事求是、勇于创新精神品格的有力彰显。面对前所未见的病毒，我们党始终坚持科学的原则和态度，将科学的原理、方法和规律贯穿于病毒治疗、疫情防控、社会治理等各个方面，取得了良好的抗疫效果，为打赢全球抗疫斗争做出了突出贡献。

命运与共是责任担当，表明了中国人民心系天下的广阔胸怀。在这场全球性的疫情危机中，我国积极参与全球抗疫协作，毫无保留地向世界各国分享疫情救治和防控的经验，向全国人民乃至世界人民交上了优异答卷。中国的抗疫之举，获得了世界人民的赞扬和支持，表明了中国对推进人类命运共同体建设的真切盼望。

2. 讲明白伟大抗疫精神的生成逻辑

伟大的抗疫精神生成于伟大的抗疫斗争，其独产生于中华大地有其逻辑必然性。作为一种崭新的精神形态，抗疫精神扎根于中华优秀传统文化，有着马克思主义中国化伟大理论成果的滋补，还有着中国精神的涵育，是全国人民在抗击疫情的伟大实践中孕育而生的。高校思政课讲明白伟大抗疫精神的生成逻辑，一方面，要讲明白伟大抗疫精神产生于党领导人民抗击疫情的伟大实践。另一方面，高校思政课讲明白伟大抗疫精神的生成逻辑，要讲清楚伟大抗疫精神生成和发展于中华优秀传统文化的土壤之中。在这场抗击疫情的实践中，处处彰显着中华优秀传统文化的深厚底蕴。疫情的突然爆发，这种流淌在中华儿女身体中的家国情怀，激励着一大批中华儿女奔赴抗击疫情的伟大实践之中，谱写了以舍己为国为底色的壮丽诗篇，体现了无数中华儿女"天下兴亡，匹夫有责"的伟大胸怀。"夫民者，国之根本也，诚宜重其食，爱其命"是中华优秀传统文化的重要内容。

3. 讲透彻伟大抗疫精神与中国精神的内在关系

实现中国梦必须弘扬中国精神，这种精神是凝心聚力的兴国之魂、强国之魂。抗击疫情的过程是彰显中国特色社会主义制度优越性和诠释中国精神力量的过程。高校思政课在讲述伟大抗疫精神与中国精神的内在关系时，可以着重阐释以下两个方面：一是讲好中国精神是伟大抗疫精神形成和发展的前提和基础。二是讲好伟大抗疫精神在中国精神传承与发展中所起的特殊作用。伟大的抗疫精神，充分彰显了中国精神、中国力量、中国担当，极大丰富和发展了中国精神的要素谱系。

（三）高校思政课讲好抗疫精神的方法

1. 以事实说服人

讲故事就是讲事实，讲事实才能说服人。真实是讲好伟大抗疫精神的前提和基础。高校思政课讲好伟大抗疫精神的目的是还原真相、反映事实，全方位地向学生呈现中国抗疫的真实过程，鼓舞广大青年学生积极投身于实现中华民族伟大复兴中国梦的进程当中。

2. 以情感打动人

情感是人对客观事物是否满足自己的需要而产生的态度体验。思想政治教育的力量在一个"真"字，要用真理说服人、用真情感染人、用真实打动人。高校思政课讲好伟大抗疫精神，最重要的是讲"真情"，这既是一种担当，也是一门艺术。讲好思政课的意义在于通过思政课教师的真情流露，启发学生、打动学生甚至感召学生。部分学生对思政课存在"高大上"的刻板印象,归根结底在于教师与学生缺乏情感的互动与交流,致使学生对思政课无法产生共情。

3. 以方法征服人

高校思政课讲好伟大抗疫精神的终极目的是让学生自觉践行抗疫精神,并将其内化于心。当前,部分高校思政课存在脱离抗疫实践、"照本宣科"的现象。为此,要把抗疫精神讲"活",促进伟大抗疫精神与高校思政课教学的有机融合,实现立德树人的根本任务。

四、抗疫精神融入高校思政课的时代价值

(一)抗疫精神融入思政课,可以增强课程政治引导力和价值塑造力

教育的力量和实效性取决于教育内容、方式的说服力,与时代同向同行、融入时代精神、紧扣时代脉搏必将成为思想政治理论课教学的必然选择。抗疫斗争生动有力地彰显了社会主义核心价值观的精神力量,为青少年价值观教育提供了最现实、最丰富的素材。

抗疫精神蕴含着"爱党、爱国、爱社会主义"的博大情怀,"一方有难、八方支援""天下为公"的仁爱文化,"命运相连、休戚与共"的人类命运共同体理念等政治价值和文化价值,充分彰显了"全国一盘棋、集中力量办大事"的制度优势,它彰显了丰厚的教育价值,从科学精神、道德法治、生命关怀、中医智慧等方面提供了多样化教育素材,有助于激发青年学生的爱国主义情怀,坚定以人民为中心的价值取向,牢固树立"四个自信",深刻理解人类命运共同体的深刻内涵,逐步养成无私奉献、求真务实的科学精神。

(二)抗疫精神融入思政课,有力增强课程时代感和吸引力

高校思政课教学是立德树人的主要渠道,只有恰如其分的结合战"疫"主题内容,不断创新教育教学方法,才能提高思政课的实效性和吸引力。采取专题讲授与渗透融入结合式、案例式、体验式、启发式,实现教学讲授方法创新;以播放视频和主题宣讲等方式,实现教学实践方法创新;通过大数据、教学软件、微课、慕课、虚拟实践等方式,实现教学技术手段创新;坚持主导性和主体性相结合原则,引入辩论课堂、研讨式小组作业等发挥学生主体性的教学模式,引导青年学生理性思考、理智发声。在整个教学过程中,教师发挥解疑释惑、舆论引导作用。

（三）抗疫精神融入思政课，着力落实课程立德树人根本任务

高校思政课要以新时代中国特色社会主义思想为引领，在教材体系中融入抗疫精神，在思政课各门课程中讲好抗疫故事，将抗疫价值观教育有机融入思政课理论教学和实践教学全过程要从坚定中国特色社会主义道路自信、理论自信、制度自信、文化自信的高度，理解全民抗疫的价值教学要结合中外抗疫的各种事实进行横向对比，讲好伟大抗疫精神，帮助学生坚定树立"四个自信"。

高校思政课的根本任务是提升学生的思想政治素质，帮助青年学生树立正确的世界观、人生观和价值观，坚定崇高理想信念要紧密联系疫情与抗疫事实，突出重点主题教育。

（1）要树立生命至上观。在抗疫过程中体会生命的宝贵，从而珍爱生命、呵护生命，自觉加强体育锻炼，努力提升自身免疫力，勇于同病魔做斗争。

（2）要树立正确的人生观和伦理观。通过抗疫过程中涌现的英雄先进事迹，启迪学生思考：人为什么活着？人生的意义何在？我的人生方向是什么？通过抗疫过程中人与人之间互相帮助、互敬互爱的感人事例，引发学生思考：我是谁？我该怎么做？我为什么要这么做？我该如何对待家人和周围的朋友？

（3）要树立和谐的生态观。基于东方智慧，实现人与自然和谐共生，建设美丽中国。要通过疫情肆意传播，启迪学生认识野生动物、自然生态保护的重要性，引导学生成为生态环境的捍卫者。

（4）要树立责任担当和国家认同意识。通过抗疫过程中涌现的榜样力量引导学生认识"国家有难，匹夫有责"，明确"我能做什么、我该承担什么样的责任"通过世界各国政府和民众在抗疫中的表现比较，让学生体会什么是政治优势、什么是制度优势、什么是文化优势，自觉成为中国特色社会主义的坚定践行者和信仰者。

第四节　思政课程与大学生创新创业结合的融合路径

一、高校创新创业教育的现状

（1）国内的创新创业教育体系还不甚完善，学生存在"顶级科研才是创新，建立公司才是创业"的误区。

（2）很多学校将创新创业教育同传统的知识教育分隔开来单独管理，投入

的资源相对有限。还有很多的有关课程由第二课堂或选修课来承担，减少受众的同时也降低了学生对于创新创业的重视程度。通过调查，很多同学参与学校创新创业比赛，是为了获得荣誉或者加分奖励，他们的目的并不单纯。学生们越发重视比赛结果而忽略了比赛过程中能力的培养。这样就与学校开设创新创业比赛的初衷背道而驰，并不能达到教育者开设创新创业课程的目的。

二、高校思政课程与大学生创新创业融合的必要性

（一）当代大学生思想政治教育的目的——立德树人

"立德树人"是我国一个基础的教育思想，目的是为了培养符合中国历史发展要求以及社会背景的"中国人"。同时，"立德树人"具有现实意义。一是中国特色社会主义的发展需要。大学生是建设社会主义重要的力量，也是国家下一步发展的关键，因此只有提高国家教育的质量才能为国家的发展事业输送高素质、高水平人才。二是贯彻党的教育方针。党的教育方针一直都在引导着国家的教育政策，也在影响着国家人才的质量，国家需要全面发展的人才。我们一定要重视科技教育和思想政治教育的共同作用，来保证我国青年大学生在未来全球激烈市场碰撞之中的竞争力。

（二）创新创业教育对于大学生的意义

随着我国社会劳动力需求的转型快速来到，我国高校毕业生在就业环节遇到了更多的阻力，越来越多的新机会需要有人去发现并且利用起来，因此大学生的创新意识、创业意识、实践意识的培养刻不容缓。互联网和智能科技在现在的背景下突飞猛进地发展着，更多的岗位被机器或智能系统取代。这对于当代大学生来说是一种挑战，因此需要教育者培养好大学生的各项能力，让大学生能够面对这次挑战。

（三）高校思想政治教育与创新创业教育融合的可行性

思想政治教育目的旨在通过意志品质的塑造，让大学生更好地调整自己的能力水平，以更好地适应社会发展。而科技创新教育是为了让大学生在当今社会把握住更多的机会，是对于学生自身发展和国家的发展角度来讲很有益处的一种培养方向。两种教育都是为了让大学生更加全面地培养自身的能力。在高校的教育当中，教师会因为不同的教学内容调整教学方式，以达到传授知识技能的目的。

大学生是建设中国特色社会主义事业的接班人，是社会主义核心价值观践行的重点。所以引领当代大学生树立社会主义核心价值观具有重要意义。思想政治教育实践中，教师为了更好地对学生的思想价值观念进行引导和教育，需要不断探索更加实用的教学方法，保证高效化、系统化和完整化教学，重点可以采取多种教育方法的结合，使思想政治内容讲解更加具有渗透性、现实性和规范性。而高校对学生进行创业教育，在教学方式上也更加追求多样化，教师以多种不同课堂形式讲解创业知识，以更加生动、活泼的形式对学生进行多种形式的教育。因而，高校的创业教育和思想政治教育在教学方法上是具有相容性的，充分有效地实现了教育内容和知识理论的灌输。高校的思想政治教育和创新创业教育有共通之处，二者都是在马克思主义思想和辩证唯物主义的理论体系之下，培养学生的发散思维和辩证思想，在被输送到社会之后能够更好地走社会主义道路，为国家建设贡献力量。

三、当前高校创新创业教育存在的现实问题

（一）大学生自我定位和职业规划能力较差

随着"双创"教育的不断开展，越来越多的高校大学生虽然加深了对创新创业的认识和了解，但仍会存在一定的偏差和畏惧心理。加之，现代社会的快速发展，社会分工的细致和扩大、使得众多行业出现了巨大的人才缺口，但同时这些产业拥有着很高的技术准入门槛，这就会导致一些毕业生难以胜任相关岗位，从而在职场中受到挫败。不仅如此，现代高校大学生的学习生活更为丰富，易受外在因素的影响，特别是刚进入高校的大学生，其高校初体验往往缺乏清晰的职业谋划，从而对制定清晰的职业发展规划产生些许影响。

（二）高校大学生的创新创业意识薄弱

创新创业需要一定的时间、金钱等成本，并且伴随着高风险，这些因素都会成为高校大学生践行创新创业的障碍，选择一种平稳而有保证的工作成为大部分学生职业生涯规划的目的。不难看出，高校大学生的创新创业意识有待进一步提升，这就需要高校在培养学生时，有针对性地提高学生遭遇风险时从容不迫的能力以及面临困境百折不挠的精神，以此来预防和减少大学生在实践中可能遇到的难题，使创新创业教育真正实现有抗打强度、有人文深度、有生活热度。

（三）高校创新创业教育相对落后

"创新创业教育作为生成式教育，其教育目标、教育内容和教育方式是根据实践需要而变化发展的。"[①] 以专业教师的讲解分析为主导，学生被动接受的学习模式有悖于创新创业的教育理念。从两极对立的角度看问题，会导致创新教育在课堂上的规划和引导理念不能得到贯彻。多数创新创业课堂采用的依旧是单方面灌输的教学模式，授课内容围绕专业名词展开，教师在实际讲解过程中难以做到理论结合实际。

（四）创新创业师资队伍建设不完善

从目前已有的创新创业师资队伍来看，专任的创新创业教师数量还达不到要求，大多是由行管部门工作人员、学生工作负责人或辅导员等来兼任，其专业性较差，对创业课程教学内容的把握难以和专业教师媲美，这样对学生创业项目的指导就缺乏专业性和针对性，更容易忽视学生思政层面的教育和引导。另外，由于创新创业课教师的学科背景五花八门，对学生所学的专业了解较少，创新创业课的教学与学生自学难以高效结合，学生无法与自己的专业结合而开展创业活动，学生的创新创业能力无法彻底展现出来，更难以符合新时代创业环境对专业人才的需求。

（五）思政教育和创新创业课程融合度不够

目前思政教育和创新创业都属于公共基础课，这两门课的开设单位不同，并且两种教育隶属于不同的课程体系。"思想道德修养与法律基础"能使学生对创业法规制度等形成一定的认知，培养自身职业道德品质，增强自身创新创业的动力等，作为思政教育理论课中最前沿的课程"形式与政策"，能结合现阶段"大众创业，万众创新"与"创新驱动发展战略"的时代环境，让学生充分了解目前的创业环境和创业扶持政策，教育大学生顺势而为进行创业实践，但是现实的状况却不容乐观，思政课老师认为这是创业课的学习内容，所以在教学中仍然把思想道德的提升和品质的锤炼作为重点。同样的，在创新创业课中，对于学生创新信念的坚定、创业素质的培养只在《创业者特质》这章节的内容中有所体现，尚未将理想信念教育等核心价值观的内容一以贯之，达到潜移默化的效果。由此可见，思政教育和创新创业教育的内容、理念以及融合方式还需要进一步地探讨。

---

① 黄兆信，王志强. 论高校创业教育与专业教育的融合 [J]. 教育研究，2013（12）：59-67

四、高校思政课程与大学生创新创业教育融合的路径

将思政教育融入于高校的大学生创新创业教育，对于培养学生的创新意识，提高学生的思想水平和学生的创造能力具有重要意义。如何解决在他们融合过程中存在的问题，如何拓展积极有效的路径促进他们的相互融合，是当地高校教育改革研究的重要课题。

（一）高校思政教育与大学生创新创业教育融合原则

1. 坚持理论结合实际，合理清晰定位

当前，部分学生能够清晰地进行自身定位，能够做出明确的生活规划，并付诸实际行动，但也有部分学生缺乏清晰的职业发展规划。针对这种情况，高校可以通过开展辩论赛、演讲比赛、情景模拟教学、名师进课堂等教学形式，推动创新创业教育。不仅要将创新创业教育的元素融入辩论赛或演讲比赛的主题，使学生加深对创新创业的认识与理解，增强创新创业意识。同时，还可以通过情景模拟教学、名师课堂教学等，促使大学生在课堂活动中受到观念意识的教育。除此之外，实践教学的形式还包括讲座报告、创业论坛、社团活动、文体活动以及校外参观考察、访问、宣传等活动。校内讲座报告、创业论坛方面的活动，可以邀请创新创业成功人士来学校做报告，讲述鲜活的创业实例，通过面对面的交流激励学生树立创业理想和远大志向。

2. 坚持以学生为中心，挖掘学生潜力

将创新创业教育融入高校思政课教学不同于传统的教育模式，而是要改善传统课堂的教学模式，将理论与实践相结合，通过各种创新创业的项目来改善课堂教学方法。纵观当下情况，大学生存在参与创业项目实践较少以及创业意识薄弱等问题。首先，高校思政课教师应树立以人为本、全面发展的创新创业新理念，克服"与己无关"的教学观念，将思政理论课教学与创新创业教育充分结合起来。比如，组织学生观看和欣赏相关视频或者讲述相关成功实例，以此来培养大学生的创新精神。其次，良好的校园文化是挖掘学生潜力必不可少的外在条件。例如，通过组织科技型和创新创业型竞猜、竞赛活动，以一种潜移默化的方式，使学生在校园文化的熏陶下加强创新创业的观念意识，挖掘学生的潜在能力。最后，通过家庭和社会环境的助力，对国家的相关创新创业优惠政策及条件等进行普及和宣传。以讲故事的方式讲解著名的创业成功案例，加大家庭的支持力度，提高社会的包容性和认可度，以此来真正地实现大众创业和万众创新，使教育工作者能够充分地挖掘出学生的发展潜力，实现学生自由而全面的发展。

3. 坚持以创新思想为导向，完善教学体系

当代高校开展创新创业教育的目的在于培养大学生的创新思维，实现创新队伍的综合性和整体性提高。由此，高校在明确目标的基础上不仅要完善教学体系，使大学生能够以专业知识为理论基础，还要通过日常的教学实践开展教育训练，以全面提高大学生的创业能力。在课程设置上，要努力使创新创业和高校的教学观念高度融合，确保培养和提高创新创业能力作为课程教学核心的有效实施。不仅如此，还要建立与之相符的教学体系，其中包含两个方面：一是基础课程，二是核心课程。在实践训练上，要构建一套完整的实训教学模式，同时，创业孵化基地作为新时代促进就业、带动创新的崭新模式，不仅要大力促进其建设，还要通过开展校企合作，为大学生提供条件和平台。在教育保障上，首先要建立一支实力雄厚的师资队伍，然后加大资金、技术等支持力度，从而为大学生营造一个良好的学习氛围和环境，搭建一个集各方面教育于一体的实践平台，使大学生能够将创新思维切实地转化为创业成果，实现自己的人生价值。

（二）高校思政课程与大学生创新创业教育融合的具体措施

1. 改变高校创新创业教育理念

随着我国经济结构的调整，以及改革的进一步深化，社会以及人才市场对大学生的要求也相应地发生了改变，更加注重大学生的综合素质，特别是创新意识和创新能力。基于此，各高校应该顺应时代发展积极更新教育理念，在新时代背景下，结合高校的实际情况积极转变高校人才培养的方法和路径。针对当前的社会形势。作为我国高等院校人才培养的两个重要部分的思政教育和"双创"教育，也应该与时俱进积极的改变教育理念。基于创新创业的社会应用价值，高校的创新创业教育应该更加体现其实践性。同时，基于思想政治教育的理论架构，高校的思政教育更应该体现其思想引领作用。因此，在创新创业教育这一载体上，利用思政教育的立德树人原则，指导大学生形成正确的价值取向，将二者有机地融合在一起，以提高学生的综合素质实现学生的全面发展。这是高校将思想政治教育和大学生创新创业教育有机融合的有效路径。

2. 营造"大众创业、万众创新"的校园氛围

各高校在积极开展创新创业教育和思政教育的过程中，要把二者真正的融为一个有机整体，并且贯穿于高校人才培养的始终。这就需要在高校校园中积极营造一个"大众创业、万众创新"的校园文化大氛围，这样才能够更好地体现思政教育和创新创业教育的实效性。具体来说，高校要充分利用学校的宣传阵地，要

充分发挥信息技术优势，利用信息新媒体，加强对新时期创新创业理念的宣传，并且引导学生加强对创新创业理念的理解，明确其对于自身人生规划和职业发展的重要意义。并且通过成功的具体事例，在学生中发挥引导示范作用。同时，通过典型塑造发挥其榜样引领作用，引导更多的人参与到创新创业实践中来。学校的相关机构还要邀请社会成功企业家和校友中的优秀创业者，来学校举行讲座、演讲会、座谈会，利用这些成功人士以及校友的精神感召和思想影响，来激发这些学生的创新创业热情，从而让更多的大学生将所学过的创新创业知识与技能应用于创新实践中。高校还要组织各种培训活动，开展各种创新竞赛，调动大学生参与创新创业的积极性，从而形成浓郁的创新创业校园氛围。

3. 积极搭建创新创业实践平台

高校要充分发挥自身的教育资源优势，利用信息技术积极构建一个内引外联、多元拓展的创新创业平台。学校在这一平台上，发布创业政策、收集社会信息、预测行业发展方向、了解社会职业动态、了解社会就业需求等，并且要完善相应的服务体系，以对学生的创新创业发挥积极有效的促进作用。学校还要利用学科建设的重点项目研究、相关专业项目研究、企业技术攻关项目、学生的发明创造等，积极开展多元化的对外合作，以整合社会资源促进高校的创新创业教育。同时，高校在创新创业教学活动中要积极融入对学生的思想政治教育，要以学生对家庭对国家的责任感、对社会的服务意识、对国家发展的使命感促使学生努力学习积极探究，积极投身于创新创业活动中，利用自己的发明创造、利用自己在专业方面的突破，来拓展与社会的有效合作，从而培养自己的创新意识创造精神，并且培养自己的合作精神。

4. 加强创新创业教育师资队伍建设

创新创业教育融入思想政治教育，对高校教师的职业素质和教学水平提出了更高更新的要求，这就要求高校在师资方面要加大建设力度。要积极挖掘高校中既具有扎实的理论基础知识，又具有创新创业教育专业技能的教师，来从事这方面的教育工作。并且要制定相应的激励措施，鼓励本校教师积极地向这方面发展。还要创设相应的优惠条件，吸引更多的具有这方面能力的综合型高素质人才来校任教。在这一过程中，重点要吸引和培养一批双师型教师。高校还要积极地从年轻教师中发现培养既具有创新意识和创业热情，又具有扎实的思政教育功底的专业教师，要积极地为他们创设培训、进修、出国学习、党校学习进修的机会和条件，以提高他们的思想政治教育水平和创新创业专业能力。高校还要积极地为这些教师组织论坛、学生座谈会等，让他们通过与学生广泛的沟通交流，向学生宣传创新创业理念，并且对学生进行思想品德教育，从而将思想政治教育和对学生创新创业教育有机地融合在一起，使学生的创新创业活动沿着正确健康的方向发展。

五、创新创业教育与思政课程融合的价值意蕴

（一）二者的深度融合有助于提高毕业生的就业率

高校创新创业教育是为适应经济社会和国家发展战略需要而产生的一种新的教学，大力开展创新创业教育，不仅有助于学生坚定理想信念，更有利于学生走向社会岗位，实现顺利就业，以此保障就业率。高校创新创业教育改革的全面深化势在必行，人才是第一资源，创新是第一动力，这就要求高校不仅需要提高科技创新能力、提拔创新人才，而且还要坚持创新驱动，全面塑造发展新优势，以适应经济发展的内在要求。高校的创新创业教育在人才培养上要凸显专业特色，培养学生专业实践动手能力，使学生学有专精、学有专攻，使学生成为"专精、独特、引领"的创新型人才。

（二）二者的深度融合有助于打造校园创新创业文化氛围

一方面，高校可以增强校园信息网络技术平台的创建，通过发布思想政治教学信息，邀请专家学者、企业家等举办主题宣讲和专题讲座，点燃学生的热情，加深学生对创新创业的认知。另一方面，高校应积极营造校园创新创业文化的环境，以实践促发展，推进思政教学与创新创业教学的融合，使学生能够体会真切的情感，参与真实的创业历程，从而提升创新创业的思考和判断能力。"高等院校思政教育的主要目标是培育能够掌握专业知识与专业技术、德才兼备以及全面发展的我国特色社会主义优秀建设人员与可靠接班者。"[1]在中国特色社会主义的发展道路上，党的领导是核心，理念和方针是保障，大学生要坚定地跟党走，将掌握的理论知识转变成促进社会发展的驱动力，从而成为对社会发展做出贡献的人。

（三）二者的深度融合有助于大学生树立正确的择业观和创业观

高校是培养应用型人才的摇篮，创新创业教育是高校立德树人的关键课程，思想政治理论课作为对大学生进行思想政治教育的重要课程，其教学宗旨就是引导大学生树立正确的世界观、人生观和价值观。

---

[1] 董婷.高校创新创业教育可持续发展的思考[J].江苏高教，2011，31（36）：22-24

第三章 高校思想政治的教育体系

本章针对高校思想政治的教育体系展开论述，围绕四个方面进行阐释，依次为高校思政课程的性质与定位、高校思政课程的科学内涵、高校思政课程的内容与特色、高校思政课程的价值与意蕴。

第一节 高校思政课程的性质与定位

一、高校思政课程教育的概述

（一）新时代高校思政课程的教育理念

教学理念是教育者在教学实践中形成的比较稳定的态度和观念，是对教育和教学活动内在规律的认识的集中体现，对教育实践有直接指导的作用。高校思想政治理论课是铸魂育人的课程，就要解决好"给谁铸魂、铸什么样的魂、怎样铸魂"三个问题。思想政治工作本就是做人的工作，铸魂育人落脚点还是在人，因此高校思想政治理论课必须把学生放在首位，围绕学生做好教育工作，更要"关照学生、服务学生"，把学生培养成为"德才兼备、全面发展"的新时代人才。充分发挥高校思想政治理论课铸魂育人功能，就需要教师们不断革新，使思想政治理论课能够满足学生成长的需要和成才的需求。

1. 以"学生为中心"理念是实现思想政治教育目标的前提

时代在变，社会发展主题在变，人的使命也在变。青年是高校思想政治教育的对象，他们将参与中华民族伟大复兴中国梦实现的全过程。如何把新时代青年培养成能担当重任的合格人才，是思想政治教育理论者们奋斗的目标。新时代要改变传统的教师主导课堂的模式，教师要努力挖掘学生的潜力，鼓励学生主动参与到课堂教学的环节中，使学生成为学习的真正主体。确立以"学生为中心"理念，改变教师满堂灌的教学模式，是当前势在必行的一场革命。确立"以学生为中心"理念,改变让学生做被动的听众、教师做孤独的演讲者的教学模式,增加学生主动参与课堂教学的机会,充分调动学生的能动性,尽可能鼓励学生成为思政课的主角,使其在体悟中接受思政课、喜好思政课,进而助力思想政治教育目标的实现。

2. 以"以学生为中心"理念是提升思政教育亲和力和针对性的需要

高校思想政治理论课教师,要把学生作为教育起点,打造能够满足学生成长发展需要的思想政治理论课,不断促进学生的全面发展。目前高校思想政治理论课的亲和力和针对性并不是很强,致使高校思想政治教育实效性还不够高,是当前高校思想政治教育急需解决的问题。亲和力,即让思想政治理论课有温度,"以学生为中心",考虑学生的感受,用大学生喜闻乐见的形式表达,用贴近大学生生活实际的素材作为教学资源,使思政课具有吸引力、感染力,进而增强其说服力,提升大学生对思想政治教育的认同度。针对性,即开展思想政治教育活动要有针对性,"以学生为中心",要抓住学生需求和成长需要开展活动,要真正做到为学生解惑,做好他们的引路人。

3. 以"以学生为中心"理念是满足新时代大学生学习需求的关键。

新时代,中国社会主要矛盾的变化影响着高等教育的发展方向,也影响着思想政治教育的内容和实施方式。生长于新时代的"00后"们,他们对美好生活的渴望、对精神世界的追求、对学习方面的期待都发生着变化。新时代高校思想政治理论课,要解决好"怎么教,教什么"等问题,必须关注学生的现实需要。通过了解学生现实需要,精准施教,提升学生认同感和获得感,进而提升思想政治教育理论课教学质量。要坚持"以学生为中心",遵循教书育人规律,不断提升育人能力和育人效能,切实做好育人工作;要遵循学生成长规律,解决好学生思想困惑,真正做好引领和扶正工作。

(二)高校学生思政课程教育的必要性

首先,高校构建学生课程思想政治教育是帮助促进中国特色社会主义建设事业发展的需要。良好的社会主义价值观念的塑造是提高高校学生思想道德素养的有效途径。社会主义价值观念的培养需要渗透到高校教育的方方面面,才能够真正将思政教育的效果落到实处。

其次,思政教育是高校的工作内容之一,培养合格的社会主义事业建设者是高校的重要教学目的。而目前的高校思想政治教育工作的内容和方法等还相对单一,不利于思政教育效果的提升,因此需要高校对思政教育体系进行构建。

最后，高校教育的课堂思政教育等模式的展开对学生的思政教育效果提升有限，学生在单方面的教学活动中感受到的思政教育内容感染性不强。多种形式的思政教育体系能够从多方面提升思政教育的效果，增强思政教育的感染力。

（三）新时代高校思政课程教育的重点

1. 互动协同、寓教于乐

高校思想政治理论课是大学生的必修课程，每一门课程都对当代大学生的发展起着不可或缺的作用。当前，高校思想政治理论课在改革过程中，教育教学实践的形式不同，改革效果良莠不齐，给学生带来的体验不同，导致学生对思想政治理论课程的认识与反馈参差不齐。如何推进思想政治理论课的课程改革，提高当代大学生对思想政治理论课以及思想政治教育的认识和认同，对当代思想政治理论课教师来说无疑十分具有挑战。

2. 重在过程、知行合一

高校应加强"学考一体化"建设，形成完善的教学体系。将学习和考核方式贯穿于整个学期，能有效杜绝平时逃课旷课、期末疯狂背书的情况。创新教学方式，丰富教学手段，提高学生学习的积极性、主动性和参与性，这不仅要求思想政治理论课教师理论功底深厚、视野广阔，更要求思想政治理论课教师敬畏课堂、尊重课堂，用大量时间来做好课堂教学，从而让学生通过思想政治理论课学习能够明辨是非，引导学生真学、真懂、真信、真用，达到思想政治理论课课堂教学的根本目的。

3. 通天接地、实践育人

新时代下，高校思想政治理论课需要不断探索新的教学模式，创新教学手段，加强理论与实践的结合。首先，高校应成立专门思想政治理论课实践育人工作委员会，建立有效的实践育人体系，完善实践育人的管理、监督和考核机制；其次，高校应明确课程教学目标，制定统一的教学大纲和实施方案等，让实践教学拥有完善的教学体系；再次，高校应建立实践育人保障机制，师资配备齐全，提高教师素养，促进实践课程规范有效地开展；最后，高校应建立合理、规范、客观、公正的实践教学考评体系，切实有效地推进实践课程育人机制健康运行，促进实践课程成为高校思想政治理论课重要组成部分。

4. 善用新媒体多渠道引领

（1）善用互联网媒介

随着网络技术的发展，互联网使得学生的生活方式和学习模式发生了很大变化，网络的发展势必会影响当代学生的认知状态和意识形态。教师要转变传统的教学模式，用学生喜欢的、更容易接纳的教学方式进行教学，这就要求教师与时俱进，学会用新媒体的教学方式教学，利用互联网的技术，激发学生对思想政治理论课的兴趣，在课程中穿插当下热点，讲授内容贴近学生生活，引导学生辨真伪，帮助学生树立正确的价值观。

（2）借力和借鉴微课教学手段

思想政治理论课教师要善于借助微课的教学手段，推动学生积极参与教学，从而解决思想政治理论课程中出现的枯燥现象。利用微课的教学特点，充分发挥微课内容丰富、短小精悍、针对性强、表述生动形象的特点，组织微课制作、微课讲授比赛等，引导学生积极参与教学。微课本身的特点与互联网环境下成长起来的大学生学习方式十分吻合，更容易让学生接受，从而调动学生积极参与教学，对思想政治理论课教学效果发挥积极作用。

（3）利用好优秀思想政治理论课程慕课平台

当前，思想政治理论课程慕课资源十分丰富，思想政治理论课教师要利用好慕课资源，让学生自主学习更优秀的思想政治理论课，提高学生学习主动性。思想政治理论课教师结合慕课，采用慕课与传统课堂相结合、线上线下教学相补充的教学方式，克服其弊端，提高教学效果。教师要对不同的学生使用不同的教学手段，例如针对不同年级、不同学科、不同专业学生，讲授的重点难点各不相同，教师要结合学生特点利用的慕课资源和教学手段也不相同，采取学生更容易接受的方式吸引学生，层层递进，引入更深层次的探讨。在教学过程中，引入当下时政热点问题，通过对时政热点的讨论对不同层次的学生进行引导，强化学生的认知能力和理解能力，从而引导学生树立正确的价值观。

二、新时代高校思政课程教育的科学定位

（一）价值基础定位：以立德树人为根本目的

一般来讲，从国家和全社会宏观的战略角度明确思想政治育人的重要价值和核心地位是新时期高校思政教育坚持正确政治思想和聚焦教育根本任务的结果。思想政治教育以明确的政治导向从基础维度决定了高校思政育人的方向，同时以其特殊性决定了需要严守政治标准和与教育要求相符合。另一方案从新时代微观角度来看，立德树人与思政教育都是建设学生社会主义思想、引领学生树立正确的人生观、价值观。从新时期教育哲学的角度来看，高校思政教育是高校推进立

德树人的关键环节，是属于立德树人教育价值的载体。通过以上内容可以看出，新时期的高校必须将立德树人作为思政课程的教学目标，并以立德树人作为高校价值定位的基础。

（二）教育主体定位：以学生群体为教育中心

高校思想政治教育的最终目的是以学生思想政治高素质化作精神成为学生内心的信念，成为自身的素养的一部分。这需要高校思政教育运用思政思维对社会生活中存在的疑难问题展开思索从而获取经验。新时期的思想政治教育要促使学生将思想政治教育应用于实践活动中，发挥其思想政治教育的引导作用，这与之前教师始终作为教育的实施者和教学的组织者，占据着教育的主体地位是不同的。思想政治教育应当以学生为中心开展思想政治教育教学活动，树立学生在教育中的主体地位，而思政教师已经从教学的组织者实施者转变为了引导教学方向、督促学生、监管教学质量、搭建教学平台的辅助者。教师的主要任务在新时代发生了转变。由于高校大学生的学习阶段正是三观建立的关键时期，思想容易受到外界的影响而产生动摇，所以，高校更应当以学生为中心，做好思想政治教育，引领学生走向正轨。

（三）教学形式定位：以实践应用为核心本质

思想政治实践应用是新时期下思想政治教育的核心本质，主要目的在于深化学生对思想政治理论的理解及掌握。思想政治实践应用实际上是将以往单一的理论教学，转变为开展课外与富含实践内容为主要形式的教学活动。

（四）教学性质定位：以社会主义为思想引领

随着社会的飞速发展、技术的不断进步，信息化时代加快了人们的认知。当代大学生更早地接触社会很容易受到网络环境的影响，因为个人的认知还不够成熟，"国外的月亮比国内圆"的思想和行为较为严重，民族国家意识不强，因此，现阶段的思想政治教育的性质更应当以社会主义为思想引导，激励和感召大学生为了国家奋斗。高校思想教育应当发挥推广宣传的优势，利用"启发、感召、教育、动员"等方式增强大学生自身的国家意识，将个人的思想意识与国家民族结合在一起。大学生的意识水平高低和国家民族意识的强弱直接关系到我国将来发展的潜力。所以，高校更应当以社会主义、民族自豪感为思想的引导，提升学生的民族自豪感，积极投身社会主义建设。同时，更应当发扬正确的社会思想价值观，坚持马克思主义的理论与社会实践有机地结合起来，促进国家文化软实力的长远发展。

三、现代高校思政课程教育中存在的问题

（一）思政教育目标模糊

当前，很多高校内思政教育是简单、机械性的重复，虽然常态化进行着思政教育，但思政教育的目标较为模糊，缺乏相应目标指引，这些会导致教育活动开展中的方向性和目的性并不明确。思政教育是贯穿于学生高等教育全过程的一种教育形式，理论上来讲，思政教育应当明确出基本目标，并在相应目标的指引下进行相应教育。但相当长一段时间里，高校思政教师并未系统进行思政教育规划，这导致思政教育目标极为模糊，在缺乏良好目标的指引下，思政教育活动极容易成为简单和机械性的重复。更为严重的是，由于缺乏相应目标，教师难以基于具体标准对阶段性的思政教育状况予以较好掌握，后续思政教育活动的开展也容易带有较高机械性。

（二）思政教育中互动性较差

在高校的思政教育中，思政课教学是作为主要的教育途径，但思政教育中往往缺乏有效互动，这也就进一步加剧了思政教育的机械性。与专业课教育不同的是，思政教育中的生生互动与师生互动频率较低，且互动质量处于较低水平。教育互动性相对较差时，教师很难对真实的思政教育水平予以较好感知，所进行的一些思政教育调整或优化往往也会缺乏针对性。此外，缺乏有效互动时，教师很难进行思政教育上的引导，教育引导媒介的缺失容易导致教师在思政教育中变得极为被动。一部分大学生的思想成熟度较低，师生间缺乏必要的教育联系和互动时，教师很难通过常规的思政教育方式提升这部分学生的思想成熟度，思政教育有效性也会处于较低水平。这都表明，思政教育中的互动性往往会对思政教育的有效性产生直接影响，无法进行较好互动时思政教育有效性进一步提升的难度也会处于较高水平。

（三）思政教育形式创新性不足

对高校思政教育状况产生影响的因素较为多样，其中，教育形式的影响最为直接。当前，很多高校内思政教育形式的创新性明显不足，教师机械性讲解相关思政理论知识是普遍的教育形式。这一教育形式下，思政教育效率会处于较低水

平，课堂教学中也难以营造出良好的教育教学氛围。思政知识的简单传递过程难以被称之为高质量的思政教育过程，由于机械性教学法被普遍沿用，一部分学生也对思政知识学习产生了错误认知。大部分思政教师缺乏思政教育创新意识，其同时也缺乏相应的创新经验与能力。因此，思政教育形式创新性不足成为一个极为普遍的思政教育问题，大部分学生也处于被动接受思政教育的状态之中。

（四）缺乏对人生观念、思想素质、学生素质的关照

根据相关理论研究能够发现，高校思政教育体系普遍追求对马克思理论知识的传授和阐释，缺乏对学生人生观念、思想素质、综合素质的重视，导致思政教育所拥有的基本功能和作用难以得到充分地彰显。譬如在人生观念上，高校思政教师无法通过思政课堂、信息化技术、校园文化等渠道帮助学生强化人生观念，导致学生在人生观念形成与强化的过程中缺乏必要的支撑，从而影响学生健康成长与发展的质量。在思想素质层面上，高校思政教师虽然能够通过理论教学的方式，帮助学生提升思想素质，但由于课时有限，学生思想素质提升的效度相对有限，需要教师通过协同育人的方式，为学生营造出有利于思想素质提升的校园氛围。在氛围营造上，教师普遍在方法上存在问题，即难以明确氛围的营造方法。在管理制度完善上，思政教师很难协同其他教育工作者、管理者，从制度优化、完善及改进的角度，为学生营造良好的成长氛围。而在学生素质方面，校园文化对提升学生综合素质有着举足轻重的作用。但校园文化所承载的功能较多，容易弱化思想政治教育在学生素质提升中的价值，需要思政教育工作者对其进行优化和改进。

四、现代高校思政课程改革取得的进步

（一）完善的格局逐步形成

很多高等院校重点做好高等院校学生思想政治教育的顶层设计和一体化建设，目前已经基本形成"大思想政治"育人格局。在相关部门的领导下，各高等院校结合本校办学历程和办学实际，瞄准新时代思想政治教育发展不平衡不充分的客观问题，着力破解新时代"大思想政治"格局难题。在校内，很多高等院校以主渠道和主阵地建设为核心，在党委领导下，基本形成主渠道：校长办公会——教务处——二级学院和思想政治教学部——专职教研人员的教学管理体系；主阵地：校党委——学生工部门——院系党政班子——辅导员日常管理体

系。在校外，很多高等院校在各级政府部门的支持下，建立了范围较广、内容较丰富、形式较多的高等院校学生社会实践系统，通过高等院校学生顶岗实习、暑期社会实践、专业实习、支教支农等方式建立一体化整体运行的高等院校学生校外育人实践载体。通过全社会共同努力，以高等院校为主体，社会育人为辅，充分运用校内外育人资源，重点提升高等院校学生思想政治教育的实效性，促成向现实作用的转化。

1. 主渠道建设

主渠道建设即思想政治理论课建设，是以高等院校学生为对象开展政治理论灌输、价值规范引领的主要方式。理论课课堂教学需要宝贵的真实的育人资源。育人资源是十分丰富的，比如红色文化资源、影视资源、时政资源等。就高等院校而言，很多高等院校在融合发展方面取得一定成果，在一定程度上将一些资源融入进了课程建设，以融合开发的与研究和实践为抓手，实现了部分资源进教材、进课堂、进头脑并产生了育人效果。高等院校在开展思想政治理论课教学内容和方法多层次多样化建设中，较好地将优质育人资源融入进课堂教学实践，在主渠道的建设中采用了多种教学手段，试点建设了多元化可操作的育人平台，同时依靠高等院校所在区域现存育人资源进行融合开发，将大量的素材、资源引入主渠道建设全过程。

理论课教学内容多样化，要求高等院校引进各类资源，并协同开发，将其与主渠道建设融合，实现教育内容的多样化，实现教学环节多层次。当下，高等院校的理论课课堂教学，通过网络和新媒体技术的介入，将大量的素材引入课堂，取得了一定成效。各高等院校在进行思想政治理论课时大都采用教育部统一编排的教材开展教学，有条件的学校根据自身特色采用校本教材，其主要成果突出表现在教材选取素材时既侧重全国性的资源，又选取了区域内特有或者独有的育人资源。同时，不同层次的高等院校在教材建设时水平参差不齐，虽然受占有资源差异化的影响，不同学校在思想政治理论课课程建设时，将一些资源融入主渠道建设的效果都较好。

2. 主阵地建设

主阵地建设即高等院校日常思想政治教育工作，主阵地的主体在广义上包括：专门从事高等院校学生日常思想政治教育工作的劳动者即思想政治辅导员；院系党组织副书记、团总支负责人、学工队伍等，以上均属于教师和管理者双肩挑。狭义上的主体专指高等院校思想政治辅导员，其工作内容包括：政治理论灌输、核心价值观引导、班团建设、入党考察、学风建设、日常事务处理、应对日常危机事件、心理健康教育、职业生涯规划指导、就业与创新创业指导等。具有内容繁杂、范围广泛、理论素养要求高、管理能力突出等特点。

目前，主阵地建设要求辅导员将理论灌输和价值引导贯穿于高等院校学生日常学习、生活、工作当中，做到与主渠道协同互补，协调推进，针对性较强、及时性较强、普遍性和群众性。思想政治教育在新时代要继续发挥育人的核心作用，必须契合新时代教育工作的时代主题，适应社会环境和育人环境的新变化，面临深层次的挑战和更加繁杂困难的局面。当前，主阵地工作的主要方式是：谈心谈话、主题班会、第二课堂、日常行为管理等，辅助以新媒体运用、信息技术平台和志愿实践活动等。很多高等院校辅导员在进行主阵地建设时取得了以下成果：

一是主阵地建设引导学生把握中华民族伟大复兴的历史使命。通过辅导员日常思想政治教育帮助学生主动承担起新时代赋予的历史使命，引导学生投身于中华民族伟大复兴和中国梦的实践中去，成长为合格的社会主义建设者和接班人。

二是立德树人是中心任务。在高等教育变革的新时期，定位中国特色社会主义发展的历史性时刻，坚持立德树人，辅导员以培养德才兼具的高素质人才为己任，主渠道与主阵地协同育人效果良好。

（二）发挥好价值引领作用

价值引领是高等院校开展青年高等院校学生思想政治教育的主要方向。高等院校非常重视高等院校学生的价值引领，以社会主义核心价值观为主导，关注学生思想状况和心理变化，把握青年高等院校学生塑造正确价值观、世界观、人生观的"拔节孕穗"期关键节点，发挥思想政治工作者桥梁作用，已经基本形成稳定的思想政治教育价值引领作用。

（三）良好的融合机制得到推进

具体来说，很多高等院校以体系化的思想政治理论课和系统性的日常育人为主体，紧密结合各层次各方面思想政治育人资源，通过高等院校学生专业实践育人、创新育人、文化和环境育人，着力打通融合机制的各个节点，依靠特有或独有的社会资源和管理机制，在规定动作不走样，自选动作有特色的前提下，充分发挥各类优势和资源，逐步推进多层次多方位融合机制建设。

五、提升高校学生思政教育的策略

（一）合理运用理论，创新教育教学方法

高校思想政治教育工作者应借助自媒体表达自发地实施自己主导的第一课堂教育，以创新的思维将主题发扬光大。提高大学生和教职工的思想素质和思想意识，使传统的高校思想政治教育管理模式更加集中和系统化，注重专业人才的培养，开展在职高校思想政治教育工作人员的培训，加强对具体操作案例的分析和反思，提高相关教育者的教学能力。此外，大学生还可以在各种热点互动评论中增强思想政治教育的力度，积极关注并持续有效利用转型期社会矛盾和突发事件所引发的舆论。在高校思想政治教育中，教师应积极探索社会事件之间的联系，形成师生之间的思想对抗和情感共鸣，缩小与学生的思想距离，并将课堂互动教学模式与小组讨论课等丰富多彩的课堂实践活动相结合，通过阅读实时了解社会民生情况和国际问题，通过浏览、评论转发等方式来达到培养大学生在了解内容的同时思考和判断能力的目的。

（二）健全思想政治教育体系，创新教育教学方式

（1）思想政治培养目标上，从"四新人才"到"理想、能力、责任"思想政治教育的目标与时代主题的转变同步发展。我们为大学生思想政治教育方法的创新提供了新的思路，成为学生课堂客体地位向主体地位转变的推动力。在方法创新的基础上，思想政治文化不能松手。社会主义文化的先进性要求是新时代思想政治教育新模式的基本要求，打造高校思想政治教育发展平台，为思想政治工作者和领导提供学习交流的机会。根据有关高校单位的实践和经济发展情况，定期安排工作人员参加思想政治工作组的讨论和组织建设，为大学生提供及时、必要的理论资料和指导服务。

（2）学生思想政治教育要求运用最新的传播技术，促进思想文化的繁荣，增强思想政治教育的力量，积极关注和持续有效地利用转型期社会矛盾和突发事件所引发的舆论。在高校思想政治教育中，教师应积极探索社会事件之间的联系，形成师生之间的思想对抗和情感共鸣，缩小与学生的思想距离，将课堂互动教学模式与小组讨论课等丰富多彩的课堂实践活动相结合，针对不同的教学内容构建不同层次的教学平台。在此基础上，与学生群体开展有针对性、平等、和谐的互动与沟通，让自媒体展现自信的魅力，把思想政治教育提升到一个新的水平。

（三）完善思想道德政治教育的机制

（1）高校大学生应加强正确的社会认知，形成正确的社会观念。为了提高实践教学的时效性，不断提高实践教学的质量和效果，高校应建立坚实可靠的保障体系，确保师资、资金、时间和安全的保障。有必要建立和完善相应的配套保障条件和措施，并加以规范。作为一名教师，充分理解和关心学生是我们的职责和任务。我们应该相信，学生是一个独立的个体，有丰富的内心世界。只有接近他们，我们才能真正了解他们的内心。对于思想政治教师来说，我们应该采取不同的教学方法，针对不同的学生讲授不同的内容，即所谓的"因材施教"。

（2）高校思想政治课是一门公共课，数量大，涉及面广。从学校层面看，重点学院与普通学院、本科学院与高职学院存在差异；就学生而言，不仅在人文、科学、工程、技术等学科上存在差异，在不同的专业上也存在差异。因此，思想政治理论课教师要准确了解学生，从各个方面了解学生，建立思想政治理论课学习档案，以学习时间为轴，收集学生学习成绩记录，通过观察为集体服务，通过学科成绩等方法，全面了解学生各方面情况作为参考资料，详细记录学生长期学习思想政治理论课的情况，始终掌握学生的学习动态，分析学生情况，制定相应的教学策略，使教学维度（进度、深度、广度）与学生维度（不同学校层次、不同学科）相结合，以提高学生的学习效果，完善和加强实践教学指导员。要充分保证思想政治理论课实践教学的数量充足，满足相关规定的教师比例，从而有效地促进实践教学的顺利进行。高校在开展思想政治实践教学活动的过程中，教师要以积极的态度投身于实践活动中，深刻把握实践教学的本质内涵和根本目标。教师要深入社会现实，不断更新实践教学的教学方法，确保教学内容与社会现实的发展密切相关，使实践教学与时俱进。教师通过对新情况、新问题的认识和研究，进一步总结新的实践经验，从而促进实践教学的发展。实践和学生充分发挥教师的引导作用，由此可见，教师的指导能力在一定程度上影响着实践教学的运行效果。高校要尽可能为教师创造有利条件，帮助教师不断增强引导能力。

第二节　高校思政课程的科学内涵

高校思想政治课程作为大学生的必修课，正在实现由单纯的"知识传授"到"全面育人"角色的转变，其内涵随着时代的发展日益丰富，在当前突出表现为以下几个方面。

一、秉承高度的爱国主义情怀

爱国主义自古以来就流淌在中华民族血脉之中，去不掉，打不破，灭不了。爱国主义是调节个人与国家命运联系的品德要求、政治原则和法律规范，集中表现在爱祖国的大好河山，爱自己的骨肉同胞，爱祖国的灿烂文化几个方面。爱国主义是维护祖国统一和民族团结的纽带，是实现中华民族伟大复兴的动力，是实现人生价值的源泉。爱国主义是中国精神的重中之重。在实现中华民族伟大复兴的征途中，深化爱国主义教育，大力弘扬爱国主义精神，培育爱国主义情怀，具有重大而深远的意义。高校是培育人才的前沿阵地，新时代高校思想政治教育必须减少枯燥的理论传授，在教学中培育大学生的爱国主义热情，提升他们的家国情怀。

（一）新时代爱国主义教育对大学生的意义

进入新时代后的今天，世界政治格局风云谲诡、变幻莫测，随着中国的国际地位日益攀升，崛起势头正旺，部分西方势力联合起来对我国施压，在政治、经济、文化等方面展开了一场"无声"的战争。特别是2020年，中国进入了"不凡"的一年，新冠肺炎疫情给人民的生活带来了较大冲击，在长期的"高压"状态下，人们的思想受到了一定程度的影响，一些西方势力乘虚而入，暗地里煽动公众情绪，挑拨国民关系并加紧了意识形态渗透的步伐，将目标瞄准了正处于"拔节孕穗期"的高校学生，动摇学生的爱国之心、削弱学生的爱国之情、误导学生的爱国之行。因此，国民的民族性需要被再次唤醒，在社会各界广泛开展爱国主义教育，在当今时代极具必要性。

对此，近年来党中央发表了一系列重要指示，中共中央、国务院于2019年11月印发了《新时代爱国主义教育实施纲要》，为爱国主义教育提出更合时代所需的新要求与新方向，党中央在文件中表明，当前中国特色社会主义已进入新时代，中华民族正处于伟大复兴的关键时期。2020年9月3日，习近平纪念中国人民抗日战争暨世界反法西斯战争胜利75周年座谈会上指出："爱国主义是我们民族精神的核心，是中国人民和中华民族同心同德、自强不息的精神纽带。面对国家和民族生死存亡，全体中华儿女同仇敌忾、众志成城，奏响了气吞山河的爱国主义壮歌。爱国主义是激励中国人民维护民族独立和民族尊严、在历史洪流中奋勇向前的强大精神动力，是驱动中华民族这艘航船乘风破浪、奋勇前行的强劲引擎，是引领中国人民和中华民族迸发排山倒海的历史伟力、战胜前进道路上一切艰难险阻的壮丽旗帜！"①党的领导人与党中央的重要指示深刻说明了在当今时代开展爱国主义教育的重要意义。因此，为适应当今国内外形势，契合国家对爱国主义教育的新要求，保护并培养高校大学生这一支势头正足、长势正猛的新生力量，高校应继续完善爱国主义教育，在爱国主义教育上加大改革、优化力度，寻找当前爱国主义教育中存在的关键问题，对其进行深度的研究与分析，结合当代青年学生特点与时代所需探寻解决对策，进一步推进和创新高校的爱国主义教育工作，为爱国主义教育赋予新的时代内容与现实意义，以更好的姿态来面对新时代背景下高校爱国主义教育的未来。

（二）培养大学生爱国主义教育的路径

（1）更新大学生爱国主义教育的教育目标

教育目标的设立决定着教育发展的走向以及教育的最终结果。在爱国主义教育中，教育目标的设立最为重要，决定了整个爱国主义教育活动的总体走向，是高校爱国主义教育工作的纲领蓝图。新时代颁布的《新纲要》使爱国主义教育在这个时代再次焕发出了勃勃生机，为了奔向时代所指、满足时代所需，高校的爱国主义教育要做到与时俱进，以《新时代爱国主义教育实施纲要》为基础，契合新思想、新纲要提出的新内容、新要求，在义务教育目标制定上，做到"删旧谱续新章"，将助力民族复兴伟业、弘扬培育民族精神、培养爱国时代新人作为爱国主义教育的总目标，着重对学生民族情怀、爱国精神、素质能力的培养，说好国的历史，讲好党的故事，道好民族未来，为学生解答"为什么爱国""如何爱国""怎么爱国"这一系列问题，引导学生为中华民族伟大复兴中国梦而奋斗。此外，根据不同层次的学生群体，结合学生的具体实际进行教育目标的微调整，使目标的确立更具针对性。据此调整教育部署，重新规划爱国主义教育路线，为高校在新时代开展爱国主义教育指明前进方向。

（2）丰富大学生爱国主义教育的教育内容

爱国主义教育是一个历史的范畴，历史条件与社会背景的变更使爱国主义教育的内容也随之发生变化，这一特性使得爱国主义教育在每个时代焕发着独特的生机。因此在当今时代开展爱国主义教育，不光要讲好时代话语，还要注入时代精神，以波澜壮阔宏伟沧桑的百年党史、开天辟地气壮山河的革命史诗与改革开放以来中国特色社会主义取得的伟大成就为背景开展中国特色社会主义与中国梦的教育，从气壮山河源远流长的中华文明历史、中国建党史以及中国特色社会主

---

① 习近平总书记在纪念中国人民抗日战争暨世界反法西斯战争胜利75周年座谈会上的讲话

义建设史出发，开展中华优秀传统文化与民族精神教育。还要善于抓住时事，用新冠疫情期间支援疫区、逆行为国的生动事例进一步进行祖国统一和民族团结进步教育，通过现今暗流涌动和复杂多变的世界政治格局、经济格局、军事格局进行国家安全教育和国防教育。此外，还要重视对学生情感、意志、心理方面的教育，多角度、多方面地对学生进行综合教育，激发学生的爱国情感，挖掘潜在的优秀品质，引导学生自觉弘扬和传承在几千年灿烂的中华文明中积淀出的先进思想与品格，发自内心地在新时代扛起爱国主义大旗。

（3）创新大学生爱国主义教育的教育方法

为了跟随时代脚步，在新时代开展高质、高效的爱国主义教育，高校要对现有的教育方法进行调整和创新，首先，将传统课堂的"一灌式"教育风格革新，加强与学生之间的互动交流，开展翻转课堂、小组辩论、微课堂比赛以及爱国主义题材的才艺展示等活动丰富课堂教育形式，让教育从黑板里走出来，站稳课堂这一教育阵地，发挥教育主渠道作用。其次，网络技术的成熟发展，使得由网络衍生的现代教学手段已被广泛应用于各行业，高校应抓住这一点，利用多媒体技术创新爱国主义教育模式，通过微信公众号、微博、学校自主APP等媒介搭建自己院校的网络爱国主义教育平台，把握好网络这一新兴的教育阵地。最后，高校应注重课外爱国主义教育活动形式的创新，不应只局限于讲座、报告会、征文比赛等，还应组织更多形式的爱国主义主题活动，如以校院为单位，给定主题举行微电影比赛、社会公益服务以及乐曲、短剧、舞蹈等文娱性质的活动，进一步丰富教育载体，促进爱国主义教育方式的转变与创新，为爱国主义教育增添时代色彩。

二、常怀崇高的责任担当精神

担当精神要求有原则、工作负责、传播正能量，勇于面对矛盾，正确处理危机，面对歪风邪气敢于斗争。责任担当精神表现为个体在享有权利的同时履行自己的义务，对党和人民忠诚尽责。中华民族伟大复兴的中国梦绝不是轻轻松松就能实现的，需要一代又一代的中国人持续奋斗，尤其是需要广大青年勇挑重担、身体力行。青年作为社会主义的建设者和接班人，将为实现中国梦注入强大的生机与活力，应该投身到实现中华民族伟大复兴的中国梦的伟大事业中。新时代高校应更加重视思想政治教育工作，让新时代青年投身社会主义现代化建设和致力于中华民族伟大复兴，常怀一颗担当之心。

（一）当代大学生的责任担当的内容

根据责任主体的不同，当代大学生的责任可以分为自我责任、家庭责任、社会责任和国家责任。

1. 自我责任担当

自我责任是指大学生应该对自己的生命、生活、学习和职业发展负责。一个人只要对自己的人生负责，珍惜生命，热爱自己的工作，才可以对他人、社会、国家负责。

2. 家庭责任担当

家庭责任是指个人对家庭理解、情感沟通和思想交流，以及应承担的责任和履行的义务。家庭责任是人类最基本的责任形式，包括父母对子女的监护责任，子女对父母的赡养责任，以及家庭成员之间分担的责任。在传统社会中，家庭承载着社会成员的情感和经济，社会成员之间，情感交流更多地存在家庭之中，每个大学生作为各自家庭中的一分子，必不可少地承担着一份家庭责任。

3. 社会责任担当

社会责任是大学生首要担当的责任，担当是责任的承受，独立思考，独立做事，独立自省。一个人只有积极主动地承担社会责任，为社会提供力所能及的服务，从而贡献社会，才能实现自己的人生价值。责任担当就社会责任的意义而言，应该是寻求在其位谋其政，履行人民、社会和历史赋予的使命和责任。人不但要有社会责任感，还要勇于为社会与人民的责任而担当。

4. 国家责任担当

国家责任首先是爱国，只有先从情感上去爱这个国家，才会从实际行动中去主动承担自己的国家责任，中国特色社会主义已经进入了新的发展阶段，正朝着顺利开启全面建设社会主义现代化国家新征程迈进。当今世界正在经历一个世纪以来从未有过的巨大变化。国际环境变得越来越复杂和不稳定。但是，和平与发展仍然是时代主题，合作与共赢仍然是人类的共同愿望，构建"人类命运共同体"已成为全球共识。在这个历史时期，社会主义建设需要更多负责任的人，人的发展需要中国青年承担重任，责任担当已成为国家的需要，时代的声音。

（二）培养大学生社会责任感的路径

1. 大学生要加强自我修养自觉培养社会责任意识

在经济全球化发展的趋势下，大学生只有加强自我修养，培养自身的社会责任感意识，才可以认识到自己需要承担的社会责任。这就需要大学生要对自己有一个真正的认识，在接受自己优点的同时，还要认识到自己的不足和问题；在发现自己潜力的同时，还要对自己能力方面的欠缺有客观的认识和了解，学会对自己的情绪进行控制、调整，形成正确的人生观、世界观和价值观，对自己未来发展奋斗方向制定科学合理的计划，并坚定不移地朝着自己的目标努力奋斗。另外，还要虚心接受对自己的提出的意见和批评，了解周围他人对自己的客观性评价，了解社会对个人发展的需求，并把自我发展和社会国家发展进行对比，发现自己的不足，不断完善自我发展方向。此外，还要加强自我道德修养，努力学习中华优秀传统文化，提升自己对民族文化的自豪感，了解自身的责任和义务，提升自身的文化修养，在潜移默化中实现自我高尚情操和道德素养的提升。最后，大学生还要加强对思想政治理论的学习，了解新时代发展的精神内涵，在自我学习和发展的过程中，时刻把自身发展和社会国家的发展进行结合，主动承担起社会和国家赋予自己的重任，实现自我社会责任感价值的形成和升华。

2. 完善高校德育教育内容和方法提高高校德育教育质量

高校德育工作是重要的教育内容，通过德育可以更好地培养大学生的责任意识和爱国主义意识。所以，在高校德育工作开展的过程中要不断完善德育教育内容和方法，改变传统老旧的教育观念，重视德育教育，提高德育教学质量和水平。另外，高校还要重视德育教师的培养，为大学生德育教育工作提供重要的师资保障。学校定期组织德育教师参与到德育内容的学习培训中，提高德育教师们的政治素养，在整个学校中形成良好的德育环境。此外，还要不断完善创新德育教学方法，重视理论课程教学和实践教学的有效结合，在德育目标的基础上，鼓励学生们积极参与到德育教学实践活动中，培养大学生的感恩之心、爱心。同时，德育教师还要关注学生们的思想情绪变化，针对有思想问题的学生进行及时的思想指导和心理疏导，帮助学生们建立起正确的人生观、世界观和价值观，为德育教学工作的开展创造良好的基础。

3. 完善正确教育和宣传教学构建良好的社会环境

在经济全球化发展的影响下，社会中存在非常多的不良现象和思想，不仅不利于社会公平正义价值观的拓展，同时还成为社会不稳定因素。比如，网络中很多个人主义、享乐主义思想的传播，不讲社会公德的行为，反社会等思想，这些严重影响到了党和政府在人民心中的良好形象，对大学生们思想价值观产生了非常大的消极影响。因此，要加强正确的宣传和教育，构建良好的社会发展环境。比如，相关部门需要利用多种不同的渠道和方式来营造良好的、积极正面的思想；加强正面思想和正义力量的宣传引导，用积极向上的思想和力量来作为主导，为大学生们树立起正向的典范；或者是通过公共讲座和文艺表演的方式来进行正能量的宣传教育，形成一种正气之风，培养大学生正确的思想认识，并在社会中积极宣传奉献精神和服务意识。此外，还可以利用互联网技术，净化网络中的不良思想和社会行为，加大网络监管力度，积极宣传积极思想，清除暴力、欺诈、色情等不良思想，为大学生社会责任感的培养构建积极向上的社会环境。

三、树立牢固的遵纪守法意识

遵纪守法是每个公民义不容辞的责任。《中华人民共和国宪法》奠定了最根本的法律基础。党的十一届三中全会召开后，高度重视法治建设，确立了法治的权威，标志着中国法治建设的不断完善。党的十五大正式把依法治国作为党治国理政的基本方略。进入新时代，党中央统筹推进"五位一体"总体布局，协调推进"四个全面"战略布局，提出了全面依法治国的总目标：建设中国特色社会主义法治体系，建设社会主义法治国家。高校要充分发挥思想政治教育的作用，完善《思想道德修养与法律基础》教材中的法律内容体系，加强新时代学生法律知识教育，促进社会和谐稳定，营造明礼诚信和全民守法的良好局面。

（一）当前大学生的法律意识现状

1. 社会腐败现象弱化了法律权威性

一般来说，大学生仍处在心智发育阶段，尚未达到成熟状态，社会生活中出现的各种行政腐败现象已经对学生内心产生诸多消极影响。部分大学生在上学期间对于学生工作表现出的热忱，并非其内心深处想要获得锻炼与提升，从内心深处热爱为大家服务，而是为了满足个体追逐权力的渴望。这部分学生在毕业后，面临着择业和就业这一现实问题，通常公务员是其首选，而除了公务员这一相对稳定也长效的薪酬待遇外，能够真正吸引这部分学生的便是对于日后权力掌握的期待，而社会实际生活当中所呈现出的部分司法腐败现象，导致大学生形成社会不公平这一认知。在大学生就业竞争过程中，此种错误认知被不断强化，择业就业不再是以能力为主，而是"拼关系"。这些社会中的腐败现象在客观层面弱化了当代大学生对于法律意识、素质养成的重视程度。

2. 学生功利思想导致法律意识淡薄

近年来，多数学生存在较大的就业压力，在大学既定学业完成后又疲于考证、考研等。大学生就业难现已成为社会现实问题之一，引发了诸多大学生在学习方面的极端功利化。比如，多数大学生在上学期间消耗过多精力用于英语学习，为日后考取登记证书奠定基础，忽略法律知识与国家相关法规的学习，也忽略了个体综合素养的全方位提升。与此同时，部分从事学生工作的教师，包括班主任与辅导员，以及从事学生工作的各院系副书记于学生入党、评优评先和提干等工作当中，并未贯彻民主精神，在这些工作过程中普遍存在浮于形式的问题，在客观层面也弱化了部分大学生对于民主法律的坚定信仰，加大了大学生们的功利化程度，对其法律意识培养及法律教育具有不利影响。

（二）大学生法律意识培养及法律教育的有效策略

1. 改善当今社会环境，加强法律权威

近些年，我国始终强调有贪必肃、有腐必反的理念与行动，重视强化对于各项权力运行的全面监督和制约，以制度为依托进行权力管理，重视贪污腐败现象的预防方针政策建设，更为高效、科学的防治社会腐败现象出现。一方面，应创设积极的社会法治环境。积极的法治环境是大学生法律意识生成的主要依赖，所以相关部门应持续强化改善社会法治环境，真正消解社会中存在的消极因素。其一，应完善民主法治环境，强化正义、民主、自由与平等的法治理性，明确法律至上理念。其二，健全法治建设工作各环节，严格根据法律法规办事，加强法律权威性。唯有切实保障平等、公平的法律原则，使大学生群体在实际生活中坚信法律公平，才可调动其学习法律、了解法律并遵守法律的主动性与积极性。另一方面，公正执法，造就大学生群体法律情感。培养当代大学生的法律意识，不但需要依赖于相应法律发挥，而且还要依赖于法律具体运行与实施。所以，在执法与司法过程当中，应强化相关工作者法治意识，使其真正将公正执法落到实处。唯有如此，才能保证司法公正，加强司法权威性与公信力，进而培养学生法律情感，为改善法律教育和学生法律意识培养工作奠定基础。

2. 激发学生自我觉醒，坚定法律信仰

从整体上来说，法律意识涵盖法律知识、信仰、情感以及意志。而法律信仰是每个主体以理性认知为基准所产生的神圣体验，不仅是对于法律心悦诚服的归属感与认同感，亦是社会群体对于法律的理性认知与激情升华，更是个体对于法律的主观心理状态的崇高境界。真正能够阻止犯罪行为的是遵守法律的传统，此种传统植根在每一个体热烈且深切的意识和信念当中。即法律既是世俗社会的政策性工具，更是生活最终意义与目的的组成部分。激发学生自我觉醒，使其从内心深处坚定法律信仰，是加强大学生群体法律意识、法治素养的核心所在。所谓内因是变化的基本依据，而外因则是变化的根本条件，外因借助内因产生作用。

充分整合地方政府机关、社会各行业、学校、教师、家庭及学生个体的力量生成法律教育合力，势必是培养大学生群体法律意识、开展法律教育的最佳外部条件。然而，若想切实提升大学生群体法律意识，需要大学生个体明确拥有法律意识、掌握相对完善的法律知识的重要性，从而自觉学习国家法律知识，唯有如此才能全面提升大学生法律意识，深化其相关体验，使其努力做一名知法守法的新时期高素养人才。

3. 创新法律教育模式，深化法律教育

高校人才培养工作模式在较大程度上决定着大学生未来能否成长为顺应社会改革、发展的优秀人才，对学校而言，若想强化学生群体法律意识，一方面，应将依法治校落到实处。因为学校实际法制情况对于学生法律意识具有无形的影响。构建完善的规章制度，依托于现行法律法规是新时期高等院校实现依法治校的根本。另一方面，在学生工作当中坚定民主原则，特别在学生评优评先工作中，相应工作者要始终坚定工作的公开、公正与透明。同时，学校在设计人才培养大纲时，应将法律素养培育囊括在内，注重学生思政教育工作的同时，还应重视法律教育。除此之外，学校应鼓励从事思修课程教学的教师创新自身教育方法，注重案例教学和实践教学，从而确保法律教育工作实效性。法律作为具有较强专业性与实践性特点的学科，唯有通过教育实践，才可让学生群体真正掌握法律知识，因此法律部教育应注重理论内容和实践教育的深度整合。在课堂教学中，教师应采取导入式案例教育模式，规避单调、枯燥的法律条例讲析，深化课堂师生互动，加强法律教育趣味性。

四、培育健全的人格

人格是指人健康协调的成长。健全人格的特点可以从性格、气质、责任感、情感态度、思维灵活性五个方面来看。如果一个人的人格发展均衡、协调，那么他是一种健康的状态，便称之为人格健全。新时代思想政治教育与传统的思想政治教学相比，更加注重青年的身心健康和人格的全面发展，这在一定程度上改变了唯分数论的思想政治教育模式。高校是为国家培育人才的重要阵地，要努力做好素质教育的排头兵，重点抓好学生思想政治教育，贯彻素质教育理念，促进学生德智体美劳的全面发展。

(一)大学生健全人格的新时代要求

1. 人格的内涵

人格是指一个人具有一定倾向性和相对稳定的心理特征总和。通俗地讲,它是指一个人的品格、品质、思想境界、情操格调、道德水平等。人格的形成离不开历史条件和社会生活,当代大学生健全人格的内涵也具有时代特征。在当代大学生健全人格的培养过程中,应至少包括"两种意识"和"两种精神",即自我意识、责任意识和进取精神、奉献精神。

2. 健全人格的要求

所谓自我意识,就是用某种价值观念、道德准则来审视自我、反思自我、解剖自我、约束自我。要完善自我意识,就必须自觉地提高自我的主体素质,这包括生理素质、心理素质、文化素质、思想素质、道德素质、审美素质、政治素质等。人作为人生价值的创造者,有什么样的主体素质,就会创造什么样的人生价值。因此,自觉提高主体素质是自我意识的关键所在。要完善自我意识,就必须做到自尊、自立、自强。自尊是人格主体尊重自己,不向他人卑躬屈膝,也不允许他人歧视侮辱自己的品质,它是主体自身努力的结果,也是个人从事有益于社会活动的结果。一个自私自利、狂妄自大、轻浮虚伪、奴颜媚骨的人是谈不上自尊的。自立是指人格主体不依赖他人,靠自己的能力和行为有所建树、有所作为的人格特质。一个胸怀坦荡、表里如一、光明磊落、堂堂正正的人,必然会受到人们的敬慕。自强是指人格主体努力向上、永不停息的精神状态和行为特征。人生道路并非一马平川、顺水行舟,而是常伴有不如意和苦闷。只有不畏艰险、拼搏进取、自强不息的人,才是生活的强者,才能成为掌握自己命运的主人。

责任意识是一定社会关系的产物。人的责任是客观的,生活在现实社会中的每一个人都必须具有强烈的责任意识。首先,个人应当对他人承担一定的责任,因为我们的生存与发展离不开彼此,任何人要想实现自己的价值,没有他人的配合与协作,往往是实现不了的。其次,个人必须对社会承担一定的责任。社会是人的社会,人是社会的人,社会要对个人负责,个人更应对社会负责。如果社会成员都能主动地承担起属于自己的社会责任,积极创造、发愤图强,未来的社会也一定会更加繁荣昌盛。再次,个人必须对自己的行为承担一定的责任。社会是由人创造的,社会也为人的存在和发展提供了多种多样的条件和可能,因而个人也需要对自己的选择和行为负责。最后,人必须对自然环境承担一定的责任。要认识到人类也不过是自然界中的普通一员,与自然环境是休戚与共的关系,维护自然界万物生存与延续人类的发展，其中的道理是一样的。

进取精神是指人们在认识世界和改造世界的实践中表现出来的积极奋进的意识，是人的自觉能动性得以发挥的精神状态。要增强进取精神，就得敢于打破传统条条框框的制约。不仅如此，还应本着否定之否定的精神，不断审视突破自我。当代大学生作为具有较高智力与学识水平的人才，决不能淡化进取精神，而应努力运用自己所掌握的知识和才能开拓创新，为社会创造出更多财富，勇做时代的弄潮儿。显然，进取精神既是自我实现的需要，也是对他人、对社会的理应贡献。

奉献精神是中华民族的传统美德，是社会道德规范的基本准则，是共产主义人生观和价值观的核心所在，也是当代大学生健全人格的重要组成部分。当下，我们必须理性看待市场经济对人们的伦理道德观念、对当代大学生人格塑造所产生的诸多影响。

（二）培养大学生健全人格的路径

1. 加强师资队伍建设力度

教师是塑造人类灵魂的工程师，承担着教书育人的重大责任。思政课是对大学生进行正确的人格教育的主渠道。当今时代不乏过度重视学术教育、规则教育而忽视了素质教育、人格教育的教师队伍，只有师生建立良好的关系，强化对学生的心理关怀才能使学生在更好的学习氛围中提升个人人格品质，所以要想让学生人格教育培育到位就离不开教师的人格楷模作用。高校可以对学校师资环境进行整合，加强对教师队伍的素质教育培训，关于对教师的素质培养简言之有以下几方面：高尚的思想政治素质、广博的知识素养、突出的教学技能、良好的心理素质、健康的外在形象。

2. 高校适当开展社会实践活动

组织具有高校特色的社会实践活动有助于丰富大学生的内心世界，弥补大学生空洞的心灵。同样，高校组织的大学生社会实践教育活动的过程，同样也是大学生提升个人道德素质的过程。优秀人格的培养脱离不开现实实践的反复锻炼和打磨，高校要开展具有教育意义的室内外综合素质实践活动：读书分享会、心理委员会、健身交流大会等。这些有益的高校文化活动营造了高尚人格氛围，这对高校大学生的精神世界起着潜移默化的作用。

3. 加强家庭的引导作用

家庭被称为"创造人类健康人格的工厂"。若能将家庭教育对大学生的引领作用发挥到极致，那么家庭教育必定能促进学生的人格健康发展。父母可以从身边的一点一滴培养孩子养成良好的生活习惯、营造和谐的家庭环境、保护孩子的自尊心、增强其自信心、注意培养孩子的独立性等。家长要以身作则，摒弃官场权谋、利己思维、攀比心理，与孩子建立平等和谐的"朋友"关系，在家庭教育中尽力灌输家国情怀和严于律己、宽以待人的思想。

4. 引导大学生形成自我教育的意识

每个人都是独立的个体，每个大学生都是具有独立意识的成年人。要引导大学生主动获取优良人格的意识。高校教育者要注意培养大学生发挥主体作用，促使它们形成积极的自我反省意识。健康的自我意识，会促使学生树立正确的人生观、价值观，在大学生个体的自我优化过程中将不断提升学生个人的文化品位和文化素质，进而形成具有优良品质的完善人格。

第三节 高校思政课程的内容与特色

一、高校思政课程的内容构成

思政课程内容构成一般来讲包括知识、情感、思想、能力和行为五个维度。

（一）知识

知识获得指新时代青年学生通过思想政治理论知识学习使自身知识需要得以满足而产生满足感和愉悦感，这一维度在获得感体系中最易感知。思政课以马克思主义理论为指导，向青年学生传输科学、系统的知识体系。具体包括：马克思主义基本原理，中国共产党的基本理论、方略、路线，新时代中国特色社会主义思想的本质、内涵，民主法治和公民道德等。这些理论知识是对许多时代难题的回答，也是新时代青年学生急需武装头脑、指导行动的理论武器。

（二）情感

情感获得指青年学生在思政课学习后产生的积极情绪体验，如情感共鸣、内心充实与愉悦、精神升华等。具体包括：存在情感获得，即思政课中学生处于主体地位，作为主体参与思政教育活动；愉悦情感获得，即思政课教学将马克思主义通俗化、时代化，让青年学生乐于聆听且能听懂，在思政课学习过程中产生喜悦、快乐的心理体验；激励情感获得，即思政课内容引发青年学生情感共鸣，激发其内在精神动力，使其投身社会主义现代化建设伟业。

（三）思想

思想获指思政课学习满足青年学生思想需要而产生的满足感。主要体现在：

（1）青年学生通过思政课对人生价值、人与世界的本质及二者关系等进行探究，构建正确的人生观、世界观和价值观；

（2）青年学生掌握了历史唯物主义、辩证唯物主义等马克思主义方法论，学会多角度、多层次、全方位看待问题；

（3）青年学生通过思政课学习获得积极、顽强的意志，在面对价值选择及困难挫折时更为果断、顽强。

（四）能力

能力获得指青年学生在思政课学习后因为能力上的获得而产生的满足感，是思政教育外化的表现。可细分为：

（1）道德能力获得，即青年学生以自身道德认知为基本依据对相关问题作出判断及选择的能力；

（2）政治鉴别能力获得，即青年学生以个体政治观念为依据，准确判断、理性看待社会事件的能力；

（3）社会思潮辨析能力获得，一些错误的社会思潮向青年学生传递与主流意识形态相悖的观点和理论，诱使青年学生以非理性做法、消极态度抵触社会，准确辨别错误社会思潮是新时代青年学生的重要素养。

（五）行为

行为获得指青年学生在认知上理解、在情感上认同思政课所学理论知识，并将其运用于实践而产生行为向好的方面转变，由此生发出的成就感。具体指青年学生知识增加、思维扩展和能力提升，行为实践满足个体发展需要，以及青年学生的行为实践符合社会行为规范和价值要求，使其在奉献社会中得到大众认可和崇高的获得感。

二、现代高校思政课程内容存在的问题

（一）思政课程内容相对固化

大多数高校内思政教育内容较为固化，这也成为了一个共性的思政教育问题。结合教材中的内容讲解思政知识是一种基本的思政教育途径，教师过于依赖教材

中的内容进行思政教育带有很大的局限性。部分高校所选用的思政教材中，相关理论较为枯燥，教师在思政教育中也并未针对性扩充相应思政教育内容。这一问题影响下，很多学生接受思政教育的积极性以及学习思政知识的兴趣便处于较低水平。除此之外，思政教育内容较为固化时，教师结合基本理论进行的思政教育往往缺乏说服力，一些晦涩难懂的理论也会加大学生思政知识学习的具体难度。这表明，无论是站在教师"教"的角度看，还是站在学生"学"的角度看，思政教育内容相对固化都是一个较为严重的思政教育问题，且必然会对正常的思政教育节奏保持产生很大负面影响。

（二）思政课程内容缺乏时代感

课程内容在思想政治理论课的各要素中是非常重要的，新时代思政课实现思想政治教育功能必备的条件就是对党的创新理论以及马克思主义理论的阐述，课程内容的设置要适应时代的变迁与时俱进，这是思想政治教育"适应超越规律"的内在要求。立足当今时代变化的高度，思想政治课程内容上应当把握思想政治教育的新特点，适应我国现如今思想百花齐放、价值多元多样化的时代特征以及风云变幻的国际局势，但当前思政课教材还具有明显的滞后性、时代感也不强，内容可听性差、不够新鲜，不但缺乏"强起来"的经济社会文化语境下党的思想价值观念的引导，而且也无法有效应对"数字化"的媒介技术语境下的意识形态危机和多元化的社会思潮带给人们的异质化价值体验冲击。由于我们当今时代背景是全新的，面对无时无刻不断出现的新鲜事物、新观念、新实践、新变革，获得的时代体验与心理感受与前人截然不同。人们的价值世界在社会发展如此之快的今天，受到新闻的快速更新、信息的即时变化、知识的集中和碎片化的影响，不断受到冲击，非常容易出现价值观的失范和自身思想的困惑。

（三）思政内容结构缺乏理论逻辑

解读理论本身具有解释功能。当今社会的急速发展，其复杂性超越以往任何时代，尤其是移动互联网的普及、人工智能的发展，新经济、新业态、新样态使社会系统发生前所未有的深层次变革，客观上要求思想政治理论课内容能够传达或解读现实提出的一系列理论问题，然而当前思政课的内容在系统性、专业性的精准解读方面还有待进一步提升，内容结构存在简单罗列、层层堆积、泛泛而谈的现象，缺乏理论之间的严密论证，在知识性和价值性、政治性和科学性、理论性和实践性、建设性和批判性相统一方面表现不佳，受教育者较少体验到思想和精神上的获得感，极大地弱化了学习效果，降低了思政课的权威性、吸引力和说服力。倘若不能与时俱进对思政课内容体系进行创新以及结构化的理论诠释，就很难有效回应社会上对马克思主义"过时论""失败论""无用论"的各种判断，不能够"讲好中国故事"，体现"新时代"的中国特色，坚持马克思主义在意识形态的指导地位。

三、高校思政课程的新时代特色

（一）高校思政课程的学生教育特色

1. 学生个性化培养更具精准性

当代青年学生价值取向多样化，思想更加活跃，这就需要对青年学生进行更加细致的思想政治教育和日常帮助及心理辅导。青年学生思想心理问题的出现是由多种复杂因素造成的。因此，要找出影响青年学生思想行为的主要矛盾，就要遵循学生思想问题的产生规律，通过大数据分析建立学生数据画像，实现思想政治教育从定性到定量的转变，深入了解学生个体与群体的差异，提高学生个性化训练的准确性。

2. 学生行为研判引导更具规律性

在互联网和大数据的背景下，学生行为的学习和引导更加规范，学生有很多方式获得新知识和理解新事物。学生接受的知识体系更加多样化，但认知与行为之间存在矛盾。因此，高校要提高思想政治教育工作者研究、判断和引导学生日常行为的能力以及学生的发展路径和发展规律，利用互联网和大数据建立学生思想行为的动态研究、判断和引导体系。

（二）高校思政课程教育资源手段特色

（1）新时代环境下信息技术已经融入了高校学生生活的各个方面，针对这类人群的思政教育以信息技术和新媒体平台为教育载体，能够打造出高校学生接受先进文化的重要渠道。新媒体的大量信息能够为高校学生的思政教育提供更多资源，信息传递的速度与信息更替速度也很快，且各种各样类型的信息能够使思政教育变得声色俱全、图文并茂，提高了思想政治教育的吸引力。

（2）新媒体有着时代最鲜明的特征。在新理念的指导之下，新媒体手段的利用对高校学生的思政教育资源、教育手段等许多方面都产生了不小的影响，它使教育者开始转向关注高校学生的成长、学习等各个环节，从整体且系统的角度去评价教学活动，对推动高校学生思政教育的革新有着重要作用。

（3）在当前时代下网络与信息技术已经占据了比较重要的地位。不仅是教育领域，在各个领域里，新媒体的便捷性都是它极大的优点。新媒体手段的发展，加快了当前社会发展的速度。在这样的环境中，知识经济变得尤为重要，社会对人才的标准都提高了，需求量也逐渐增加了。现如今，人才不仅要具备相应领域的知识技能，对于相关的工具与使用方法也要理解和熟练使用。这种创新的模式导致教育体制革新变得越发重要，从前以传授知识为主的教育方式已经成为过去式，当前的教育模式要注重学生的思维能力与学习意识的培养。在新媒体环境下，高校思政教育工作的创新发展，也正是教育体制革新变化的体现。

第四节 高校思政课程的价值与意蕴

一、高校推进思政课程教育的时代价值

马克思说："理论一经群众掌握，也会变成物质力量。理论只要说服人，就能掌握群众，而理论只要彻底，就能说服人。"新时代中国特色社会主义思想是党和人民实践经验和集体智慧的结晶，大众化是其理论的本质属性和内在要求。只有实现新时代中国特色社会主义思想的大众化，并使之成为大学生的政治认同和信仰，才真正发挥其最新理论成果的号召力和凝聚力，真正引导学生认识问题、解决问题和承担使命担当。

（一）学生维度：时代新人养成的"精神之钙"

在党的十九大报告中，首次提出了"培养担当民族复兴大任的时代新人"这一重大时代命题，为高校指明了新历史方位下的人才培养定位，也为大学生全面发展提供了发展方向和目标。"时代新人应该自觉用马克思主义中国化最新成果武装头脑，增强自己的理论素养，深刻领会习近平新时代中国特色社会主义思想的内涵与实质。"[1]是否具有时代使命担当的自觉性是检验时代新人的重要标尺，新时代中国特色社会主义思想植根于当代中国特色社会主义建设的客观实际，有着鲜明的问题意识，反映了时代精神，从理论和实践层面系统而全面地回答了我国发展的新目标、新使命和面临的新矛盾。只有尽快用新时代中国特色社会主

---

[1] 朱志明，刘映芳.时代新人要勇于担当时代责任和历史使命[J].红旗文稿，2018（8）：38-39

思想助力学生深刻理解新矛盾和新使命，才能真正让大学生把个人发展同祖国前途命运紧密联系起来，主动担当起对社会的责任和贡献，回应时代的呼唤，真正成长为担当民族复兴大任的时代新人。

（二）高校维度：党的教育方针落实的方向保证

2016年12月中共中央、国务院印发的《关于加强和改进新形势下高校思想政治工作的意见》指出：高校思想政治工作要"培养又红又专、德才兼备、全面发展的中国特色社会主义合格建设者和可靠接班人"。新时代，从"教育是国之大计、党之大计"的高度提出了立德树人的根本任务以及培养社会主义建设者和接班人的时代使命。高校坚持社会主义办学方向，培养的建设者和接班人首要的是政治立场坚定，政治素质过硬，坚决拥护党的理论和路线方针政策。新时代中国特色社会主义思想是党的最新理论成果，具有深度的科学真理性和强大的理论解释力，是高校思想政治教育工作的重要理论支撑和抓手，有助于学生增强"四个意识"，坚定"四个自信"，做到"两个维护"，这是完成新时代高校教育使命的关键所在。

（三）国家维度：思想共识凝聚的具体依托

主流意识形态是一个民族理想信念的重要体现，是执政兴国的思想导向和政治保障。马克思、恩格斯曾指出"统治阶级的思想在每一时代都是占统治地位的思想。"[①]"一个社会只有向其成员成功地灌输适合于维持其制度的思想才能得到维持。"这些论断鲜明地指出只有通过思想理论的宣传将执政党的理念讲清楚，才能最大限度地获得群众的政治认同，巩固自己的领导地位。当下的大学生是未来国家和社会的主体，然而，"高校是意识形态斗争的重要阵地，青年学生是意识形态争夺的重要群体"，尤其是伴随着互联网技术的发展和自媒体终端应用的普及，大学生获取信息的方式呈现出多渠道、碎片化的特点，学生价值观日趋多元化，这些给高校意识形态工作带来了很大困难和挑战。因此，通过新时代中国特色社会主义思想的宣传教育牢牢掌握高校意识形态工作领导权、管理权、话语权，有利于提高学生的思想觉悟和水平，凝心聚力，为未来国家建设的主体力量打牢共同的思想政治基础。

---

① 马克思恩格斯《德意志意识形态》

二、高校思政课程对大学生自身发展的意义

（一）指引学生正确认识自我

高校思想政治教育在大学生就业创业中的一个显著作用就是可以指引学生正确认识自我。所谓认识自我，也可以称之为自我认知，包含个体自身的个性发展、具体实际的需求、就业与创业的水平以及职业道德素养等多个方面，而思想政治教育这项工作的开展可以加深学生对自我的认知，明确其未来的就业与创业的方向，在竞争激烈的社会大环境下能够找准自己的位置，紧跟时代步伐，从而不被社会所淘汰。

（二）使学生对社会发展现状有正确的认知

随着我国高等教育进入普及化阶段，高校毕业生的数量每年呈上升趋势，但随之而来的后果就是就业岗位饱和，毕业生的数量与社会所提供的就业岗位不匹配，进而很多毕业生无法在毕业后找到合适的工作。高校思想政治教育工作的开展，可以引导学生对社会发展现状有一个正确的认知，扭转学生不正确的就业创业观，促使学生结合当前社会大环境，清楚地认识到严峻的社会就业形势，避免只顾眼前利益，单单关心工作的环境、待遇与工资，从而导致自己"高不成低不就"。

（三）有利于培养学生的工匠精神

工匠精神是一种精益求精、做事严谨且认真、对工作追求完美、并且具有创新的精神。如果能够培养出学生的工匠精神，不仅可以成为学生未来发展的不竭动力，而且也会促使学生成为同龄竞争者中的佼佼者。高校思想政治教育工作的开展便是培养学生工匠精神的重要法宝，对于提高学生的工匠精神具有不容忽视的价值作用。

（四）有助于学生正确就业、创业观念的树立

高校思想政治教育在大学生的就业、创业中具有明显的作用。通过思政教育工作的开展向学生渗透、普及当前的就业方针政策，有助于学生正确就业、创业观念的树立，从而为自己的职业生涯打下坚实的基础。除此之外，思想政治教育还会加强对偏远山村地区的就业政策宣传，鼓励学生到偏远地区的基层工作，贡献自己的力量，实现自己的价值。

(五)有助于提高学生的职业道德素养

人无德则不立,一个人自身的职业道德素养直接关系到这个人未来的就业创业是否顺利。对学生思想道德的教育是高校开展思想政治教育内容的重要组成部分,有助于提高学生的职业道德素养,使得学生在就业、创业过程中能够对职业道德行为准则进行严格遵守,从而实现自己的既定目标。

(六)有助于促进学生的心理健康发展

大学生自身的心理健康也同样影响着学生将来能否成功的就业与创业。由于当前大学生面临着严峻的就业形势,所以心理上会有较大的压力,这种压力如果不能及时排解就会转化为不良的负面情绪,进而对学生未来就业创业带来不利的影响。然而,高校思想政治教育工作的开展可以培养学生积极乐观的心态,化解负面情绪,提高抗压能力,这对于学生的心理健康发展具有重要的价值作用。

第四章　新时代高校思想政治教学创新

本章针对新时代高校思想政治教学创新展开论述，围绕四个方面进行阐释，依次为高校思政理论课程与日常思政教育、高校思政教学方式与方法创新、高校思政教学模式改革与探究、高校思政教师队伍的建设。

第一节　高校思政理论课程与日常思政教育

一、高校思政课程与日常思政教育的区分

大学生思想政治教育是高校思想政治教育工作的主要组成部分，也是高校学生事务管理工作的重要组成部分。大学生思想政治教育是大学生思想政治教育者按照我国社会发展要求和大学生思想政治教育规律，有目的、有计划、有组织地培养大学生思想政治品德的社会实践活动。大学生思想政治教育以学校作为教育的主要场域，把大学生群体作为主要教育对象，即指高校思想政治工作者面向大学生群体进行的思想引导和道德教育实践活动。大学生思想政治教育的目标就是通过思想政治理论教育和实践活动，提高大学生的思想水平、政治觉悟、道德品质、文化素养，使其成长为社会主义事业的合格建设者和可靠接班人。与一般意义上的思想政治教育对象相比，大学生思想政治教育的教育对象更加聚焦、群体特殊性突出，教育内容更加具体，教育意义十分重大。大学生思想政治教育是一项系统工程，包含了大学生思想政治理论教育和大学生日常思想政治教育两个方面，一为"主渠道"，一为"主阵地"，两者相辅相成、相互补益，共同构成大学生思想政治教育工作体系。其中，思想政治理论教育是基础，是日常思想政治教育的重要理论来源；日常思想政治教育既是对高校思想政治理论课的有效补充、延伸与拓展，也是思想政治理论课教育创新发展的动力与源泉。大学生思想政治教育要坚持思想政治理论教育与日常思想政治教育有机结合，既对大学生开展系

统的、专业的马克思主义理论教育，又要从大学生的实际出发，广泛开展日常思想政治教育，帮助大学生排除学习、生活及成长历程中遇到的问题和心理障碍，提高大学生思想道德素质、心理健康水平与综合素质。只有把两者有机结合起来，才能提升大学生思想政治教育的整体性与实效性。

（一）高校思政理论课程

1. 思政理论课程的内容

专科生有"毛泽东思想和中国特色社会主义理论体系概论""思想道德修养与法律基础"和"形势与政策"课程。

本科生除了以上课程，还有"马克思主义基本原理概论"和"中国近现代史纲要"课程。

硕士研究生主要有"中国特色社会主义理论与实践研究"，还要从"马克思主义与社会科学方法论"和"自然辩证法概论"课程中选择1门作为选修课。

博士研究生主要有"中国马克思主义与当代"，还要将"马克思恩格斯列宁经典著作选读"列入学校博士生公共选修课。这些思政课程都是大学思想政治教育的显性课程。

2. 思政理论课程的作用

首先，在人才培养方面具有指向性作用。诚如其内涵的目标要素，课程体系关于人才培养目标的设定，内在确定了培养方向，是各个专业显示区分度的首要标志。以化学教育和化学工程两个专业为例，在人才培养定位上，化学教育侧重大学或者中学师资力量培养，化学工程则侧重化工类人才队伍的培养，所以，两者的课程体系在培养目标上的差异，就决定了培养方向的差异。

其次，课程体系在人才培养方面具有规定性作用。规定性是由指向性衍生而来，方向不一致，培养路径、培养方法、培养内容显然就会有所差别，其中内涵的内容要素特别具有决定性，所以，我们习惯称呼的专业人才是由不同的培养内容决定的。

最后，课程体系在人才培养方面也具有引领性作用。课程体系往往先于教学体系设定，也就是说，某一个专业及其相关人才培养的计划一旦制定，首先必须规范课程体系，如果时代变化，课程体系一成不变，那么就失去了专业人才培养的社会意义，该专业也就走到了被淘汰的边缘。反之，如果课程体系因时而变，顺应社会发展现实，以社会需要作为课程体系优化完善的依据，那么从这个意义上，课程体系就具有引领性作用。

(二)高校日常思想政治教育

1. 日常思政教育的内容

大学生日常思想政治教育是相对于大学生思想政治理论教育而言的,是大学生思想政治教育的重要组成部分。大学生日常思想政治教育是指平日经常进行的、渗透在大学生日常学习和生活之中,对大学生全面发展和健康成长起着潜移默化作用的思想政治教育活动。大学生日常思想政治教育通常被称为"第二课堂",是高校思想政治教育工作者面向大学生在课堂教学之外开展的日常思想政治引领和行为价值引导等各项工作的统称。"日常思想政治教育作为高校教育大系统中的一个子系统,拥有专属领域,承载特定内容,担负具体职责,是高校人才培养体系中不可或缺的重要组成部分。大学生日常思想政治教育与大学生思想政治理论教育两者在理论基础、育人目标、育人方法等方面有共同之处,但大学生日常思想政治教育的教育内容更为丰富广泛、教育形式更为灵活多样,具有自己的显著特征,如全面性、针对性、持续性、灵活性、渗透性、实践性等。

2. 日常思政教育的特征

(1) 育人目标具体

大学生日常思想政治教育的主要目标任务在于提高大学生运用马克思主义立场、观点和方法分析问题、解决实际问题的能力,引导他们处理好学习生活中学习习惯、择业交友、健康生活等成长成才遇到的各种具体问题,促进其顺利完成学习任务、形成良好行为规范、身心全面和谐发展。

(2) 育人主体多元

大学生日常思想政治教育育人主体既包括高校党团、学工队伍为主的专职工作人员,也包括思想政治理论课教师及哲学社会科学课教师、心理健康教育队伍、管理服务相关部门人员等为辅的兼职工作队伍。不仅如此,高校全体教职员工,进行自我教育自我管理的大学生干部和学生个体,校外专家、先进人物、毕业校友等社会力量均是大学生日常思想政治教育育人主体。其中,辅导员班主任是开展大学生日常思想政治教育的骨干力量。

(3) 育人内容丰富

大学生日常思想政治教育内容除大学生思想政治理论课传授的内容之外,还涉及学生学习、生活与成长的各方各面教育管理,包括形势政策教育、心理健康教育、安全教育、职业生涯规划教育等。

（4）育人载体与途径多元

大学生日常思想政治教育具有多种多样、灵活生动的教育载体与教育途径，不仅有专题授课、座谈讨论、个体辅导、展板宣传等思想理论教育形式，还涵盖党团和班级建设、校园文体活动、社会实践以及日常事务管理与服务等多种载体与途径，形成了"教书育人、科研育人、管理育人、服务育人、心理育人、文化育人、实践育人、网络育人、组织育人、自我育人"等多维育人格局。

（5）育人时空全方位

大学生日常思想政治教育以大学生"日常"生活为切入点，围绕大学生学习、思想、工作与生活的各个方面进行组织与实施，从课上到课下，从教室到寝室，大学生日常思想政治教育贯穿于学生学习生活的全过程与各环节，在时空范围内呈现出实时性、全方位的特色。

（6）育人方式具有潜隐性

大学生日常思想政治教育将教育的内容和要求主要渗透到大学生日常学习生活中、渗透到校园文化环境以及学校提供的管理服务中、渗透到各种实际问题的解决过程中，以间接的、无形的方式使学生不知不觉受到感染与熏陶。日常思想政治教育则更多地靠文化活动渗透、环境氛围熏染、宣传舆论导向、道德心理孕育、行为习惯养成、榜样模范带动、管理制度规范、服务方式启迪、信念信仰铸造来实现这种潜移默化的教育作用。

（7）育人过程具有动态性

与大学生思想政治教育理论课不同，在大多数情况下，大学生日常思想政治教育没有统一的教学大纲与课程标准，也并不严格按照既定的内容和要求进行，而是根据学生的具体情况以及他们思想行为中出现的问题因人、因事、因时、因地开展教育，因而育人过程具有较强的动态性与弹性。

二、高校思政课程与日常思政教育的协同育人

（一）高校思政教育协同育人的内涵

1. 协同育人概述

思想政治理论课和日常思想政治教育是大学生思想政治教育的关键力量。面对国内外日益复杂的新形势、新任务，在新时代中国特色社会主义思想的指导下，做实、做细、做优大学思想政治教育工作，必须充分发挥主渠道与主阵地的合力作用，开展协同育人。协同育人的内涵一直是学术界讨论的焦点。联系我国高校

思想政治工作具体情况，结合各学者观点，笔者认为协同育人，是指在思想政治工作总体系统中，学校、社会、家庭各子系统围绕立德树人根本任务，充分发挥和有效整合各要素资源，使其相互配合、有序衔接，以构建协调一致、合力育人的思想政治工作格局。

思政教育的协同育人内涵是指高校各个系统部门通过相互配合、相互协调、利用各自功能作用与条件优势来整合校内外所有资源与力量，并且同向发力，达到教书育人、育德成才的目标。高校思政教育的协同育人主要涵盖两个内容：一是高校内部的大学生思想政治教育教师队伍、辅导员队伍、文化专业课教师队伍、学院党团和行政工作人员之间分工协作、同心同力对大学生进行思想政治教育。二是高校内部的相关机构部门、不同地域的兄弟院校以及校外合作企业之间的取经借鉴、互帮互惠、共同配合来进行大学生思想政治教育。

2. 协同育人的理论基础

（1）马克思主义唯物辩证法的观点要求两支队伍开展协同育人

①联系发展的观点。马克思主义唯物辩证法认为，大千世界，无一孤立之物，万事万物普遍联系，且联系引起客观事物的运动变化和发展。思想政治教育是育人的工作，而人本身在不断变化发展，尤其是青少年处于人生的"拔节孕穗期"，因此，必须坚持唯物辩证法的联系的发展的观点，反对形而上学的孤立的静止的观点。首先，思想政治教育作为一门学科，其内部的不同部分和要素之间是相互联系的，如人员要素、教学方法、教学载体要素的相互联系。思政课教师和辅导员作为高校思想政治工作队伍中的两大主力军，其工作性质、工作目标相同，教学方法、教学载体略有不同又相互联系。辅导员日常思想政治教育的方法主要是润物细无声的隐性教育，教学载体主要是课堂外。思政课教师的教育方法主要是旗帜鲜明的显性教育，教学载体主要是课堂内。两者教学方法、教学载体相互联系，呈现内在结构性，形成互补效应。其次，思政课教师和辅导员作为同属于高校思想政治工作队伍的一部分，也处于一定的联系中，如组织机构相通、地域环境与校园环境相同、受教育对象相似等，客观上需要两支队伍协同育人。马克思主义关于事物普遍联系发展的观点，要求我们在分析思想政治教育各要素时，不能将其割裂开来，要坚持整体性观念，将两支队伍融合起来建设，避免资源浪费和工作重复开展，发挥两支队伍的整体功能。

②两点论与重点论。两点论是指在认识客观事物时，既要分析事物的主要矛盾和矛盾的主要方面，也要观察事物的次要矛盾和矛盾的次要方面，全面看待问题。重点论是指在分析事物矛盾时，要着重把握主要矛盾和矛盾的主要方面，并

以此作为解决问题的出发点。对思政课教师来说，立德树人即教书育人，是整个教学过程的主要矛盾，科学研究应是次要矛盾。对辅导员来说，立德树人即思想理论教育和价值引领，应为整个教育管理的主要矛盾，日常事务管理应是次要矛盾。可见，无论对思政课教师还是辅导员来说，其教育教学管理的主要矛盾均是如何落实立德树人根本任务。但在现实中，由于多重因素的影响，一部分思政课教师和辅导员将次要矛盾上升为主要矛盾，没有抓住问题的关键所在，导致两者的育人实效大打折扣。马克思主义关于两点论与重点论的观点，要求两支队伍将立德树人作为主要矛盾，明确立德树人在思想政治教育工作的中心地位和根本任务，紧密配合，花时间和精力抓好育人这个大工程。

（2）马克思主义认识论的观点要求两支队伍开展协同育人

建立在实践基础上的感性认识是认识的初级阶段，是对事物外部现象的认识，而认识的目的在于对事物本质、规律性的探求，因而感性认识必须上升为理性认识。这正是列宁所说的"从生动的直观到抽象的思维"，即认识的第一个阶段。大部分的辅导员工作起始于实践基础上的感性认识，也终结于实践基础上的感性认识，未能将获取的丰富的合乎实际的感性材料加工改造，形成系统的理论认识。而思政课教师恰恰相反，其具有大量深刻的系统性的理论知识，但很大一部分来源于课本，教师本人并未亲身投入实践，深入调查，积累丰富的感性材料。除此之外，认识的第二个阶段是实现从理性认识到实践的飞跃，即列宁所说的"从抽象的思维到实践"。辅导员将其获得的感性认识直接指导实践，导致大部分时间只能解决问题的表象而非本质。思政课教师却囿于理性认识，未用理性认识指导学生实践。

因此，辅导员这一职业容易被认为"水平不高，谁都可以胜任"；思政课教师容易给他人留下"严肃刻板"的印象。马克思主义关于认识论的观点，要求思政课教师和辅导员协同育人，做到优势互补，劣势相抵。将理论与实践结合起来，做到实践、认识、再实践、再认识，不断推进思想政治教育理论创新和实践创新，提升育人实效。

（二）高校思政教育协同育人的意义

1. 推动高校大思政格局

高等教育的根本出发点和落脚点就是培养什么样的人，怎样培养人。大学生三观尚未真正形成，对其进行正确的价值引领，使其人生奋斗方向与国家发展的需求一致，是思想政治教育的主要任务。作为主要的育人主体，辅导员与思政课教师虽然工作内容和方式有差异，但二者的工作目标是同向的，都是加强大学生的思想政治教育，因此，实现二者的协同育人可以有效推动高校大思政格局的构建。二者通过多种方式的协同育人，无论是理论层面还是实践层面，必将会产生一些可行的成果，这些成果里面包含思政育人的经验，可以为思政学科以外其他学科的"课程思政"提供指导和借鉴，这样就会实现显性与隐性思政资源的融合，让思想政治理论课、专业课与日常的思想政治教育内容形成协同合力，在学科上、功能上相互补充，构建大思政格局。

2. 提升思想政治教育工作质量

高校思想政治理论课教师的专业背景是思政教育、政治学等社科类学科，而辅导员的专业背景是多元化的，既有社会科学类，又有自然科学类。从专业背景的角度考虑，二者的协同育人可以将人文社科及自然科学领域的一些理论、成果的优势发挥出来。人文精神可以让思政教育的内涵更加丰富，自然科学的成果可以开拓学生的视野，培养其专业知识。辅导员与思政课教师的协同育人，让不同专业背景的两大育人主体通过交流，产生新的教育理念及方式。激发辅导员不断提升自我能力，补齐自身的短板，逐步走职业化发展道路，也可以让思政课教师更加关注学生日常的思想政治工作，让思想政治教育工作质量得以提升。

3. 促进大学生的全面发展

一直以来，辅导员虽然承担育人工作，但侧重学生的日常工作，多数是处理与学生有关的贫困补助、就业指导等方面的工作，由于自身思想政治理论水平有限，加上日常琐碎的学生管理工作，辅导员在学生的思想引导方面有一定不足。有的辅导员虽然想对学生进行思想引导，但由于自身的专业背景可能与思想政治相差较远，不知道如何引导，只能进行一些空洞的说教，难以触动学生的思想。思政课教师注重的是对学生思想政治理论教学，虽然思政课教师本身的思想政治理论扎实，但教学过程中基本是理论与实践脱节，只注重课堂的理论教学，对于学生的思想状态了解不足，不能很好地对学生进行思想引导。利用辅导员与思政课教师的协同育人，可以有效地实现二者在思想政治工作中的优势互补，既有理论教学，又有日常的思想工作指导；既有工作内容的互补，又有工作方式的互相借鉴，思政育人的体系更加完善，让学生健康成长、全面发展。

（三）高校思政教育协同育人的发展现状与困境

当前新时代背景下，部分高校虽然不断重视思政的协同育人工作与发展，在思想政治课程、专业文化教育课程、专业实习培训等方面进行过开放式的探索研究，在协同育人的思政教育工作上也积累一定的实践经验。然而思政教育的协同教育体系在以下方面还是存在不足，制约了协同教育的有效性。

1. 思政教育协同育人的协同机制与系统建设还不完善

在高校当中，大学生的思政教育还是主要依靠思想政治课程教育教师来完成，高校辅导员在学生思想政治素质教育引领没有起到应有的效果。学校高层领导往往还没有建立起思政教育大体系的思维，绝大多数时间都是流于表面工作，缺乏足够的重视程度，对学校思政教育人员组织动员、配合协调、分工安排等措施没有统一调度和方案，导致在思政教育领域的教师与工作人员各自为战，缺乏向心力，没能有效进行协同育人工作。

2. 思政教育协同育人的途径和平台还不健全

目前，部分高校对大学生思想政治教育的主要途径依然是政治理论课和思修"两课"，教学大纲内容没有根据时代发展而做出相应调整，教学方式大多数也是在课堂上以"填鸭式"方式教学，缺乏寓教于乐的活动，让同学们很难将书本知识和理论实践相结合。再加上很多学校没有完全利用新形式的平台教学如网络教学、微视频、大数据远程课程等，导致很多学生觉得上理论课程学习是一件枯燥乏味的事情，其学习的效果自然不理想。另外很多高校没有把思政理论课、思政实践课、专业文化课、团学课程、校园第二课程等不同课程互相融合，缺乏密切协作，难以满足思政教育协同育人的发挥集成效应及多样化要求。

3. 思政教育协同育人与校企、社会团体缺乏有效的衔接机制

高校与合作企业协作育人环节的薄弱一直是校企人才培养的瓶颈，打破校企协同育人的僵局关键在于两者没有深度融合、广泛合作，企业也没有积极参与到高校制订的思政教育培养方案中。虽然大部分为学生提供一线的实习培训环境，但并未以社会实践生产生活案例为契机，也未充分发挥企业思想政治育人主体，另外企业的行政工作人员本身的思想政治水平与高校思政专兼职教师也不可同日而语。企业的经营理念和价值追求往往具有明显的局限性，其企业文化与高校强调的教学育人思想往往是各行其是，相互融合度较少。

（四）高校思政教育协同育人的实践策略

1. 优化思政管理工作模式，实现工作融合

实现高校辅导员与思政课教师的协同育人，不是各自负责一部分，各干各的，没有交集，两个主要的育人主体要相互交流、借鉴各自的育人方式和经验，协同提高育人效果，实现二者的协同育人。高校要从管理模式上进行创新，校党委要

高度重视思政育人工作，把思政育人工作看作一个整体，需要多方力量参与；要从顶层设计高度把辅导员与思政课教师承担的思政任务进行融合，构成一个整体的育人体系。建立有效的管理机制，成立专门的管理部门，主要负责思政理论研究、队伍建设等方面的工作，发挥行政组织的力量，为两个主要的育人主体提供协同支持。在职称晋升、人员聘任等方面落实思政要求，融合两个主要育人主体的工作，使二者不再是相互平行的两条线。定期对辅导员与思政课教师进行培训，补短板，同时为两个主要育人主体提供交流的平台。如辅导员可以参与思政课教师的备课、学术探讨等活动，不断提升思想政治理论水平，思政课教师也可以指导学生的校内外思想政治实践活动，对学生关心的热点、难点问题用自己的理论知识进行解读，丰富思政课教学内容。

2. 增强二者的角色认同，实现有效协同

思政育人既离不开课堂的理论教学，同样也不能缺乏日常的隐性教育活动。只有理论教学，学生缺乏与生活的联系与感悟，空有理论，只是纸上谈兵；同样，没有思想政治理论的正确指导，日常的思想政治教育活动只是零散的、不成系统的重复活动，很难对学生进行思想引导。两个主要的育人主体的工作目标都是促进学生的全面发展，在工作思路上应该相互协同。由于两个主要育人主体彼此的角色认同刻板，难以真正有效地形成育人合力。因此，要通过角色互构来增强彼此的角色认同，发挥两个育人主体的优势，提高思政教育的亲和力和针对性，让辅导员工作更加具有理论性、思想性。两个主要育人主体要改变对彼此的刻板印象，认识到双方工作目标的一致性，从育人活动的实施到育人效果评价都要积极参与，发挥各自的优势开展思政育人工作。二者要定期交流工作心得，为对方提供育人经验和方式，彼此加深了解，了解彼此的工作重点，增进相互协同。两个育人主体就可以以社会热点、学生需求为切入点，主动融入对方的工作范畴，为对方提供一些有效的指导和帮助，增强彼此的角色认同，为后续的协同合作夯实基础。

3. 加强二者的队伍建设，提高育人能力

加强对辅导员与思政课教师的建设，要根据二者的学科背景进行针对性的建设。根据二者的学科背景进行职业认同及知识体系等方面的岗前培训，并注重对二者的后续培养。可以组织两个主要育人主体参加思想政治教育类的培训，进行科研互助、理论教学与日常德育互融等，提高二者协同融合的深度及广度。在充分考虑两个主要育人主体学科背景的基础上，结合各自主要的工作内容，通过制定实施相关举措，促进思政育人工作的协同顺利开展。从整体角度出发，为思政育人创造协同的场域，构建协同育人的研究实践平台。思政课教师可以和学生进行组合，构成社会实践团队，辅导员可以与学生组成一些兴趣社团，在教学、实践及学生管理工作等方面等实现两个团队的同心协作。在相互协作的过程中，为彼此提供育人经验和方法。此外，二者在实际工作过程中，存在不同程度的自我职业认同感低的情况。辅导员事务性工作多，工作重心难以转移到思政教育，思政课教师的职业定位虽然清晰，但由于教学方式单一，学生没有兴趣，教师的成就感偏低。因此，高校要明确两个主要育人主体在思政育人中的地位，增强二者的职业认同感。在学校范围内大力宣传思政工作中的突出典型，在评优、晋升等方面优先考虑，提高辅导员与思政课教师的职业认同感。学校还可以根据实际情况，让辅导员与思政课教师灵活兼任，彼此在做好本职工作的基础上，发挥自身优势，为思政育人贡献力量。同时，作为辅导员与思政课教师自身来讲，也要主动提升自身能力。二者要充分利用好学校提供的合作交流平台，结合实际工作中遇到的问题，从理论学习到实践能力方面进行针对性地提升，提高思政育人成效。

第二节　高校思政教学方式与方法创新

一、现代高校思政课教学方式现状及转型

（一）单一性向多元化的转型

在过去几十年中，在国家正处于解决文盲问题时期所使用的一种教学方式，在这样的教学方式中，只偏重于对知识的教育，没有在教育过程中体现出生命整体的发展，忽略了人的生命主体。在学生学习过程中，每位学生的潜能、学习方式和途径种都有不同的需求，单一的教学方式只会无视于"个体"的发展，学生的差异性便会在教师单一的教学方式中所埋没。新课程改革中，将"教学大纲"改成"课程标准"，把以往的预设的单一的教学方式，改变为多元的，只给定教学的标准，打破了传统的教学单一性。在教育过程当中，把一个人在体力、智力、情绪、伦理各方面的因素综合起来，使他成为一个完善的人，这就是教育基本目的的一个广义的界说。新课程改革的教学目的是为了学生学习更加全面以及更加深入。也可以使得学生在个体差异中得到全方位的发展。

（二）统一性向个性化的转型

在大力恢复国民经济时期，教师的教学是统一的模版，如统一的教案、统一的教学要求、统一的教学标准等。这种模式在某段特定的时间起到了一定的效果，但是在这日益发展变化的世界中，一直在教学中将知识按照统一的模板灌输给学生，没有考虑到学生的个性化特点、认知水平和理解能力，让学生对某些理论进行死记硬背，最终只会阻碍了学生独立思考和科学分析判断能力的发展。新时代的思想政治教育，强调的是"以人为本"的发展理念，更加注重学生的思维能力、创新能力、实践能力的培养。教师在设计教学方案时，应该灵活把控每一个环节，根据学生的个性特点，充分调动学生主动参与的积极性。

（三）固定性向移动化的转型

进入21世纪，信息化是全球发展的主题。思想政治教育的方式不仅仅停留在传统的课堂教学方式上，已向更宽和更广的方向延伸。2020年经历新冠肺炎疫情以后，移动化思想政治教育更加成熟，线上教学解决了时间和空间的局限。在过去，在不断适应移动化教学的过程中，教师在课堂上会逐渐引入平台教学。随着信息技术的不断扩充，以及应对日新变化的世界，移动化和固定性教学方式不断得到融合，只有在工具理性和价值理性之间掌握好合理的度，才能真正认识信息技术的教育教学价值，从而推进信息技术与教育教学的深度融合。固定式课堂教学为基础，移动化教学为辅助，能在未知的社会发展当中，应变突发情况，也能准确及时把控学生思想动态，做出适当引导。

二、高校思政理论课教学方法的创新

高校若想在立德树人视角下完成思想政治理论课的教学方法改革，就要从学生的实际生活出发，结合高校学生的心智特点，以此确定具体的教学方法，使课堂教学内容更加丰富有趣，打造出良好的课堂氛围，提升学生参与积极性。创新型的教学方法主要包括情景教学、研究教学以及体验式教学。

（一）情景教学法

以"思想道德修养与法律基础"这本教材的"促进个人与社会和谐"这一知识点为例，可以将课堂教学主题定为"和谐校园"，并在课程开始之前安排学生对学校操场、教学楼、宿舍及食堂中不文明的现象进行拍摄，如乱丢垃圾、自行车停放不规范等。教师在课堂上集中展示这些照片，并做出以下提问（1）你在学校中有做出过不文明的行为吗？事后有何感想？（2）不文明的行为会对学校造成什么影响？若在社会之中又会产生什么影响？（3）为了校园的和谐，该怎么做？为了社会的和谐，又该如何？（4）校园和谐与社会的和谐有什么关系？围绕这一确定的主题进行一连串的情景设计，要求层层递进，以小见大，充分提高学生的思想觉悟，将"育人"要求落在实处。

（二）研究教学法

高校教师在使用研究教学法进行思想政治理论课教学时，要注意研究教学法的三个阶段，包括提出问题阶段、研究问题阶段以及总结评价阶段。以"毛概"教材为例，在对这本教材进行教学时，有一个绕不开的问题是"如果社会主义制度比资本主义制度更具有优越性，那为什么采取资本主义制度的西方国家普遍要比采取社会主义制度的我国更加富裕呢？"这个问题也是在进行"社会主义改造理论"一课教学时，学生普遍会所提的问题。在学生提出这一疑惑后，就进入了研究教学法的第二阶段，也就是研究阶段。研究阶段是整个研究教学法中最重要的阶段，此阶段开展时，教师可引导学生对能解决此问题的相关资料进行查找，教师也可对资本主义国家性质加以讲解，在学生充分了解时代背景后再来研究社会主义的本质。引导学生了解我国为实现特色社会主义都走了哪些弯路，又做出了什么努力，学生在深入研究过程中能够知晓，我国由于初期对于社会主义的认识还不够全面，导致社会主义的优越性没能完全发挥出来，如今我国正处于特色社会主义的高速发展阶段，社会主义的优越性已经慢慢显现出来，而还不够成熟的社会主义与成熟的资本主义是没有可比性的。在帮助学生通过研究解决疑问后，教师可根据所研究的问题加以总结，如为什么对于同一事物的前后认识情况会有所不同？在认识事物时要采用什么样的角度和方法？可由这些问题布置课后思考作业，以提升学生的自主思考和解决问题的能力。

（三）体验式教学法

作为近几年刚兴起的教学方法，体验式教学法是三种教学方法里面被专家学者讨论次数最多的，以通过拍摄微电影完成体验式教学为例，在对"思想道德修养与法律基础"这本教材进行教学时，可将教学内容通过拍摄微电影的方式记录下来，以此让学生充分体验教材中所阐述的观点，帮助学生加深对教材知识点的理解。根据教材内容拍摄微电影需要教师考虑以下四方面内容：

（1）微电影拍摄之前，教师要向学生讲述微电影的具体拍摄目标及要求；

（2）由6—12名学生自行组成拍摄小组，根据教师所明确的目标及要求来初步拟定拍摄主题，将拟定好的拍摄主题交于教师审核，审核通过后，方可正式拍摄；

（3）教师可邀请具有专业拍摄经验的导演及编剧来指导学生开展拍摄任务；

（4）在拍摄结束后，教师可将学生的微电影作品在课堂中进行播放，由其他学生讨论并打分。使用体验式教学法，能够让学生沉浸在教学内容当中，使学生有切身体会，以此加深学生对于知识的理解，并可将知识点做进一步地升华，达成"知行合一"。

三、现代高校思政课教学其他新方式探寻

（一）利用"以学生为中心"理论的协同效应教学创新

教学方法分为教师的教法和学生的学法。高校思政课教学改革创新应该努力探寻学生喜闻乐见、又富实效性的教学形式和方法，选择相应教学方式和手段，采用动态教学方案，形成良好的协同效应。

1. 教师的教法

对于教师教法，遵循"学生学习"的原则，可以将学习主动权交给大学生，培养大学生主动学习的习惯，由教师"教"转变为学生主动去"学"。

（1）通过不断研究学生特点，探索课堂启蒙式学习、问题体验式学习、案例探究式学习、理论讨论式学习等教学方法，掌握大学生愿学乐学的方式。

（2）在教学形式上，可以通过中国故事、中国声音等，借助微电影、动漫、"易班+思政课程"、慕课等现代信息技术和多媒体技术建设智慧课堂，既坚持"规定形式"，又设计"自选动作"，增强思政课程的时代感和吸引力。再次，以小组为单位进行专题讨论，把新时代中国特色社会主义思想贯穿其中，把鲜活的案例设计到课堂讨论中，用思考、分享的教学方法提高教学的针对性。

（3）采用线上和线下结合的混合式教学，创新运用情境教学、体验教学、翻转课堂等方式方法，让高校思想政治理论课堂"活起来"，提升大学生的"精气神"，以多样化的形式切实提升高校思政课的针对性。

2. 学生的学法

对于学生的学法，遵循"学生发展"的原则，根据大学生学法完善教师的教法。

（1）以学习任务为驱动。高校思政课教师可以在第一堂课就将任务分派给

各组大学生，让他们带着任务去学习。同时，教师应该注重课堂活动的设计、管理、汇报、分享等环节，促进课堂教学。

（2）以学习产出为导向。坚持学习产出导向型教学，坚持以学生为本，以能力、目标或需求为导向的教育理念，培养青年大学生的创新意识，引导他们积极主动学习。

（3）以"朋辈效应"为引领。美国心理学家阿尔伯特·班杜拉的社会学习理论表明，榜样的力量非常重要，发挥朋辈的效应增强青年大学生的获得感，进而提升思政课的实效性。

（4）坚持教为主导、学为主体，开展网络平台建设、小组讨论、创新实践课等形式的深化和设计，激活高校思政课的魅力。

（二）利用新媒体网络新形式的思政教学创新

相对于传统教学模式，当代大学生更乐于接受融入新媒体的教学模式。在思政教学的过程中，教师应该运用新媒体创新教学方式，进一步加强学生对思政教育的认识与了解。

（1）教师需要根据教学内容制作精美课件，收集与之相关的经典案例，结合当今时代热点，以学生喜欢的方式进行教学。这样才能激起学生的学习兴趣，从而提高教学水平与教学质量。

（2）教师需要正确掌握网络用语与思维方式，根据不同的新媒体特点设计不同的表现形式与语言风格，将符合新媒体特点的、易被学生接受的信息融入思政理论课教学中去。

（3）教师可以运用启发式教学方法。新媒体时代，大学生的思维更为广阔，善于表达自己的观点。教师可以运用启发式教学方法，引导学生对感兴趣的问题通过网络工具收集资料，进行深入学习，从而提高教学效果。

（三）利用"五个转化"思想的思政课教学创新

为贯彻新时代中国特色社会主义思想，坚持社会主义办学方向，落实立德树人的根本任务。高校思政课的改革可以从"五个转化"即在教学方法、教学效果、教学形式、教学考评、教学模式上的转化，实现思政课教学的创新与应用。

1. 在教学方法上，实现"经验向科学"的转化

目前的思政课堂上存在教师凭知识、凭功底、凭经验教学的问题，教师往往以"自我"为中心，向学生传道授业解惑。虽然教师的理论水平与时俱进，但是

固化的教学模式、教学思维、教学习惯使他们很难把握现代大学生的思想脉搏。因此，实现思政教师从"经验教学"向"科学教学"的转化，对于"怎样培养人"具有现实指导意义。思政教师必须探索科学的教学模式、教学思维，探索具有自身特色、符合新时代大学生观念的教学方法，摒弃经验型教学，强化科学型教学。在不断地教学实践中，充实新时代的教学思想和教育观念，增强思政课教学的专业性、系统性。

2. 在教学形式上，实现"单向向双边"转化

高校思政课的课程内容、单向度的教学方法和学生主观方面存在的问题都是高校思政课难以获得部分大学生认同的重要原因。不可否认，单向理论输出模式远不如双边实践互动形式般更容易让学生接受和理解。因此，实现思政课教学方式从传统单向教学方式转化到双边模式，是提升高校思政课教学质量的重要环节。在由"单向"向"双边"的教学方式转化过程中，思政课教师应该针对学生专业的不同特点，使用不同的教学形式，发挥学生的主体作用，实现思政课与学生专业知识的深度结合。以"思想道德修养与法律基础"课程为例，对于工科类院校的学生，在该课程中，可以通过结合《大国工匠》的专题，强调和培养学生对未来职业的道德标准和技术追求，体现思政课教学的实用性。另外，在课堂上，借助多媒体和"微媒体"，采取随堂测验、小组讨论、线上答疑、给老师打分等形式检验课堂效果，吸引学生的注意力。

3. 在教学效果上，实现"理论向实践"转化

新时代要求我们知是基础、是前提，行是重点、是关键，必须以知促行、以行促知，做到知行合一。因此，实现"理论向实践"转化，有助于思政课由理论教育深化为价值认同和实践认知，从而达到知行合一。思政课实践教学可以概括为两大方面：在课堂上，思政课教学设计紧紧围绕教学重点，设计课堂小组讨论、分组辩论、剖析案例、自导剧本等方式，让大学生实际参与到课堂集体活动中，更深刻地理解思政理论知识。在课外，通过参观红色博物馆、党史教育基地、爱国主义教育示范基地等方式，引导大学生感受红色文化，培养大学生的爱国情感。通过组织邀请相关专业的劳动模范进行宣讲、集体活动等实践方式，激发大学生积极向上的活力和生命力，引导大学生树立正确的世界观、人生观、价值观。

4. 在教学考评上，实现"终试向过程"转化

在高校思政课中，无论是理论学习还是实践活动，其最终的结果都是以考试测评作为一年来学习效果的体现。但是，高校思政课传统考试测评模式不利于大学生对于课程本身的兴趣培养和课程内容的实际运用。传统考试模式偏向于思政

知识点的死记硬背，缺乏大学生"主体"的主动参与，且考试形式和内容单一，因此，实现"终试向过程性考试评测"转化对激发大学生学习热情意义重大。过程性评价在思政课堂上具有针对性，在教学方法上，可以对大学生进行分组，组织小组讨论、主题辩论、分组互动等，并以小组为单位进行课堂评测。同时，依靠网络教学平台，将课堂出勤考核、参与性考核、合作性考核等方面纳为过程性评测的一部分，将其当作终考成绩的重要组成部分，能够使大学生主动融入课堂。

5. 在教学模式上，实现"校内向校外转化"

大学生思想政治教育工作，重在引导，重在激励。如果"校内"是对大学生进行马克思主义理论教育的第一实践场所，那么"校外"就是大学生思政课实际学习效果运用的前沿阵地。以"思想道德修养与法律基础"课程为例，这门课程涉及很多与大学生学习、生活关系密切的内容，例如"理想与现实的关系"这部分内容，可以让大学生在从高中生活过渡到大学生活时，正确地认识到理想和现实的辩证关系，让学生切实地体会到学习这门课程的"实效性"。这就需要思政课教师与大学生之间建立相应的直接沟通机制，通过主动、直接与学生交流，了解学生的思想动态。

（四）生态德育融入高校思政课的教学方法创新

1. 生态德育与思政理论课的融合

全面强化高校思想政治课程教学的针对性，是教学实践中需关注的一大要点，而加强针对性的核心在于教学内容的不断革新，加强主导性教学内容的教育。并非意识决定生活，当反之为生活决定意识。需要将思政理论课建设为高校学生喜欢且受益无穷的课程。如此一来就需要思想政治课时刻关心关注大学生所关心关注的喜闻乐见的生存与发展的现状，将改革开放之后的各种新鲜事例统统结合在马克思主义创新理论之中，优化教学元素，建立一种新的德育范式。生态问题理应成为大学生关心和关注的时事热点和社会问题。在思政课中，借鉴和应用马克思主义生态文明理论，探索人与自然和谐相处的路径，强调着重突出人与大自然、人与人等多种伦理关系，使思政教育教学由注重人与社会关系的教学向更加重视人与自然关系的教学转变，把德育的说教和现实生活结合在一起，增加鲜活的内容，使之更加贴近大学生的习惯培养并增益其知识，教育当代学生应当像对待生命那样对待我们的生态环境，继而养成良好的生活发展方式，始终坚持走生态文明之路，为构建和谐美丽的国家贡献自己的力量。

2. 生态德育在高校思政理论课中的促进作用

（1）生态德育具备贯彻立德树人的相应特点

生态德育的特点就是有一定的社会性。它是各社会形态涵盖资本主义社会所共同具备的一种教育现象，是非常普遍的，它超越了社会意识形态和社会制度差异。该理论知识和实践发展成了全球性的德育实践或者文化，变成了全新的德育教学模式。在发达国家，生态德育获得了空前的发展，掀起了广泛深入的生态教育热潮。在中国高校，生态德育是"大德育"家庭的重要一员，科学借助马克思主义伦理学原理，探究以及揭露人类思想品德构成发展的基本规律，对当代高校学生展开思政与心理教育是十分重要的。而且在大学生道德教育中的作用更是其他德育无可替代的，对于大学生道德成长和道德发展，对于大学生形成正确的政治观念、信念和政治信仰发挥着重要作用。阶级性和民族性是生态德育的另一个重要的特征。这一特性决定了生态德育在国内意识形态教育教学中的关键作用。在思想政治课程教学环节，构建生态德育模式，通过大学生积极的生态认识、生态体验与生态践行，引发德育主体的认知与道德实践参加主动性，可以有效塑造当代高校学生的思想和人格，进而有益于高校学生构建正确的三观，并且深刻意识到且解决好多种关系，持续提升高校学生思想道德品质、人文素养、政治领悟能力，从而勇做新时代的开拓者。与此同时，通过研究与分析可以了解到，当代高校学生"三观"的构成、思想政治领悟能力的提升、道德品质的提高等并非是一项简单的工程，需要花费很多的时间和精力，是高校教育发展中切实面临的问题，也是一个值得研究的课题。同时，生态德育与其他德育具有不同的方式与路径，创建生态德育模式，全面贯彻落实思政教育以及道德教育的原则同样是需要探究的一大重要课题。

（2）生态德育是显性教育和隐性教育相统一的创新教学方法

"八个统一"需要我们始终坚持将显性教育与隐性教育统一起来，深入挖掘别的课程和教学方法中所蕴含的思想政治教育资源，从而实现全员全程全方位育人之目的。思想政治课程生态社会实践实际上是生态德育在高校思政政治课教育教学中的具体运用，是始终坚持显性教育和隐性教育统一的具体表现。当代外国学者研究道德教育现象的过程中，提出了大量的道德教育理论，同时设置了详细的操作方法，高校生态德育强调间接的道德教育，注重大学生的小组讨论、角色扮演、社会实践，安排学生举办内容多元化、形式多样化、风格独特的生态教育活动。

（3）生态德育是促进学生个性化发展的需要

思想政治课教学理应充分满足当代学生个性化发展需求，从而突出学生学习中的主体地位。科学采用参与式和开放式等多种教学方法，生态社会实践教学即为最佳范式，思想政治课生态社会实践模式就是在马克思实践观和科学发展观指导下进行的教学活动，是把生态环境保护社会实践当成思政教育教学的重要载体，进行生态调研、生态志愿服务等生态主题活动，积极引导高校学生从课堂走出来，将社会作为课堂，将实践当成教材，积极投身于社会实践之中接受历练，努力提升高校学生认知与处理生态问题能力的教学模式。该种实践内涵并非是单一的，而是十分丰富的，并且主体突出，既契合大学生的实际，又满足大学生个性发展的要求，与此同时，还可以有效提升当代大学生各方面的素质。

第三节 高校思政教学模式改革与探究

一、传统高校思政教学模式的弊端

传统的教学模式在现代课堂上主要会给学生带来以下三点弊端：

（1）传统的课堂教学模式通常都是将一个班的学生固定在一个教室里，这样传递的信息将是十分有限的。我们都知道思想政治教育这门课程内容非常之广泛，仅仅依靠课堂给学生传递信息十分有限，已经无法满足当今学生发展的需求。

（2）如果教师在上课的过程中对学生使用传统的死记硬背的学习法进行教学，那么这不仅没有达到思政课程设置真正的目的，也对于学生的身心健康发展不利。传统的教学模式既会让学生对思想政治教育失去兴趣，又会让学生在上这门课的时候感到厌烦，这是由思想政治教育理论课本身就比较枯燥的特点决定的。

（3）很多高校在排课的过程中都只是在一个学期安排很少的思想政治教育课程，当然，这也不能怪学校，这主要是由于时间的限制，使得很多高校无法让思想政治教育这门课程形成有效的系统。

二、新型思政教学模式的创新与探索

（一）实践教学思政课新模式

1. 思政实践教学新模式的必要性

（1）新时期推动思想政治理论课实践教学改革要求

在传统的高校思想政治理论课程中，由于过度注重理论传递，导致学生的实践能力较为薄弱，并且教学过程中相对单调，学生对于很多知识难以理解，所以导致思想政治教育效果并不好，这也为实践教学改革埋下了伏笔。目前我国明确提出高校实践教学制度，积极探索思想政治教育过程中的实践育人机制，为学生的成长发展提供充分保障，而构建思想政治理论和实践教学新模式将成为必要途径。

（2）新阶段贯彻中国特色社会主义理论的客观需求

中国特色社会主义理论是一笔重要的精神财富，也是广大人民团结奋斗的思想基础，如何有效传递给当代高校学生至关重要。尤其作为社会发展的中坚力量，高校学生必须了解中国特色主义理论内涵，并贯彻在自身的发展道路中，而高校思想政治理论课不能成为简单讲解理论体系的场所，应该带领广大学生在实践中掌握，这样才能推动我国社会联合发展，全面实现小康社会建设目标。

2. 思政实践教学新模式的构建

（1）课堂实践教学

高校思想政治理论课实践教学模式由多个部分组成，最重要的就是课堂实践教学环节，为了能够有所创新必须要打破传统课堂教学实践限制，另外作为思想政治理论课实践教学的主要场所，必须要发挥出重要的作用。以往高校把课堂大多作为理论教学场所，而实践教学以课外活动形式开展，其实这是错误的观念，课堂并不是实践教学的禁区，这种观念反而会限制实践教学空间。其实课堂同样能作为实践教学阵地，并且相比其他实践活动更有优势，首先能够及时解决教学中的问题，其次能够避免像课外实践教学环节经费不足、安全隐患等问题的出现，有效降低了实践教学成本。最后在教学方面能够与课程内容相结合，更容易达到预期的教学目标，同时学生能够全面参与，具有一定普遍性，而教师全程指导和监督管理，为学生提供更多帮助，适时起到点拨、启发效果，并对整个实践教学及时展开评估，保证思想政治实践教学有效性。

（2）校园实践教学

校园实践是课堂以外的主要场所，也是融合思想政治理论知识的重要方法，通过校园内的实践活动完成预期的教学目标。其实校园与社会存在诸多共同点，也可以说是校外社会的缩小版，学生在校园内同样可以接触到来自社会中的思想观念，所以校园实践活动也是比较关键的环节，通过融合理论达到最佳的教学效果。其次校园能够作为主要的实践教学平台，充分挖掘拓展思想政治理论课时间教学空间，例如借助校园文化活动作为实践内容，促使学生在潜移默化中受到熏陶，包括各种节日、校内大事件、各类比赛等，通过主题鲜明的活动，为实践教学提供支持。其次思想政治理论与校园文化的结合效果显著，能够将思想政治理论中的积极主义、爱国主义、社会主义价值观传递给学生，全面提高学生的综合素质。

（3）校外实践教学

校外实践教学活动也是比较重要的部分，作为课堂与校园的教学拓展，在教学过程中能够起到重要作用，不过以往很多高校并不注重校外实践活动，甚至对此类活动相对排斥，这是因为校外实践活动需要大量经费支持，并且在教学过程中需要严格管理，才能确保发挥出教育作用。准确来说思想政治理论校外实践教学，主要以走出校园为中心，促使学生在社会中探究思想政治知识，或者带着理论去验证，把所学到的理论知识运用在分析、解决问题中，从而把握好思想政治理论内容。不过校外实践教学会受到课时限制、经费场地限制以及部门协调等问题，尤其要注意出行中的安全，因此以往高校开展的校外实践教学活动较少。另外社会实践教学过程中学生个人行为也需要教师加大监督管理，最终导致教学效果大受影响，虽然校外实践教学活动不能作为主要阵地，但可以基于高校自身情况适当开展。

（4）网络实践教学

网络实践教学是现代社会的必然发展趋势，这一点在新冠肺炎期间得到了充分体现，为了不影响教育事业，我国相关部门提出了"停课不停学"，从而推动了在线教学模式，挖掘出新的思想政治理论课实践教学平台。在教学中主要利用了互联网信息技术，并借助网络教育资源实现培养过程，尤其是00后大学生，对于互联网的运用具有明显优势，因此高校必须把网络实践教学纳入新模式中，并坚持理论与实践融合的目标。例如教学过程中借助慕课、腾讯课堂等平台发布实践教学任务，学生通过平台完成实践任务并提交给教师，或者带领学生参观我国教育基地网上展馆，并做好参观后的总结归纳，积极展开心得交流，从而达到预期的实践教学目标。当下高校应积极探索网络实践教学模式，并确保能够成为日常实践教学的重要组成，助力学生全面健康成长。

3. 提高高校思政实践教学的举措

从全国来看，各地开展了形式多样的思想政治理论课的实践教学，诸如结合理论教学、第二课堂教学、社会实践、知识竞赛、专题征文、主题教育活动、网络教育、心理咨询和校内专题活动等模式，取得了一些成果，在社会上得到了很好的反馈。

（1）高度重视，各方联动

高校实践教学是思政课教学体系重要组成部分，具有与理论教学同等的地位，两者不可分离；加强思政课实践教学的组织领导工作，将思政课社会实践纳入教学总体安排和课程管理体系，建立职能部门参与、思政课教学部具体组织实施的运行机制。

（2）小规模讲授

在大班授课中，能积极参与实践教学的学生数量有限，相当数量的学生滥竽充数。改成小班授课后，强化了教学的针对性，凸显了学生的个体参与性，客观上激发了学生参加的积极性。

（3）区分学生基础

根据学生文理基础的不同设置不同的难度，对文科生可以加大题目的难度。对理科生降低难度。即使对一个班级的学生也要充分考虑认知水平存在的差异，区别对待、因材施教。

（4）扩大参与面

对于实地参观、专题讲座等效果较好的实践教学方式，尽量组织全体同学参与其中，配备好师资和经费；安排好时间解决人员安全问题。这就要求学校和社会各个部门协同合作，积极改进。

（5）增加实践基地

在进行思想政治理论课教学过程中，各高校尽可能多地在校内、周边地区和相邻省份建立实践教学基地，对大学生进行思想政治理论课实践教学。

（6）充分的准备与设计

根据思想政治理论课实践教学的特点，要求教师充分搜集、整理和分析、掌握社会生活信息和学生思想、心理状况，并在此基础上制订教学计划，从而克服实践教学的随意性和盲目性。在实践教学的设计上，不但要以概论课教学目标为依据，坚持正确的理论导向，通过实践教育加深对基本理论的学习和掌握，从而提升学生的思想政治理论素养，还要引导学生充分发挥主观能动性，提高发现问题并积极运用所学知识分析问题、解决问题的能力。

（7）科学的考核评价体系

科学的考核评价体系是提高思想政治理论课实践教学质量的重要保障。要坚持过程与结果相结合、动态评价与静态评价相结合、双向沟通式的信息反馈机制、他评与自评相结合的原则，根据不同课程的教学要求，按照品德修养、团队精神、综合能力、创新精神等内容细化评价标准，从而对学生做出综合评价。

（二）线上线下混合式教学模式

1. 线上线下混合式教学模式的应用意义

（1）充分调动了学生的学习积极性和主动性

线上线下混合式教学模式在高校思想政治教学中的应用改变了传统教学过程中的"灌输式"授课方式，运用新颖的教学手段和教学理念充分调动高校学生对于思想政治课程的学习积极性和主动性。在创新教学模式的应用过程中，充分发挥出了学生作为学习主体，以学生为中心的教学理念。在教学方法上运用现代高校学生更易接受的音频、视频、图文、案例等形式，使学生可以更好地理解和运用抽象的思想政治理论知识，切实提高实践运用能力。

（2）运用创新的教学模式加强了师生沟通

创新的教学模式实现了高校师生之间的沟通方式，相较于传统教学模式下，增加了师生间的沟通频次和方法。通过在线互动式交流，使学生存在的问题得到了及时有效的回复，进而对于师生和谐关系的建立奠定了基础，为教师更好地开展思想政治教学活动提供了前提。

（3）创新了教学效果的检验考核方式

传统教学模式下的高校思想政治教学课程的考核通常情况下采用考试、调查、论文等形式，考核方法简单，注重考核结果，缺乏过程管理，不利于有效检验学生的学习效果。创新的教学模式下对于学生的思想政治教育学习效果在检验考核方式上实现了创新提升，可以通过线上学习过程进行相应的过程评价，结合线下教学的期中、期末考试成绩，使学生的学习效果检验贯穿于整个学习过程，可以更加真实有效地反映教学效果。

2. 线上线下混合式教学模式的应用现状

（1）线上教学基础设施建设不完备

线上线下混合式教学模式在高校思想政治教学中的应用，主要体现在线上教学模式的创新应用方面，线上教学资源是提供创新教育的前提和基础，而高校网络平台、校内网等线上教学所学的基础设施建设为实施线上教学提供基本保障。

目前虽然很多高校投入了大量资金进行线上基础设施的建设，将建设重点放在了设施的购买和平台的建设方面，但是因为缺乏思想政治教学的重视度，使得高校在获取网络信息教学资源和网络平台的完善方面存在滞后问题。高校网络覆盖建设方面也存在一定的缺乏，使得学生在进行线上学习过程中受到网速影响较大，很大程度上降低了学生的线上学习体验。

（2）高校教师实施混合式教学缺乏一定的技术操作能力

混合式教学模式的应用效果在很大程度上取决于教师对于线上教学设备的操作能力和使用水平。线上教学的加入，需要进行网络教学信息资源的获取、筛选、传输、课件制作等，这就需要高校教师具备较高的信息化设备使用和操作能力，但是高校思想政治教师队伍在现代化教学设施的应用技能方面存在欠缺，使其不能更好地从网络信息资源中获取思想政治教学相关资料，或对获取的信息资源缺乏一定的分析处理能力使得其无法与教材内容进行有效结合运用，从而降低了线上教学效果。

（3）线上教学缺乏过程监管

高校思想政治教学应用线上线下混合式教学模式，需要教师通过相应的网络平台进行学习内容、学习要求、学习任务等内容的制定和发布，学生再按照具体要求进行相应的在线形式的学习。这种教学方式使得师生之间是通过虚拟网络进行交流和沟通的。对于学生的具体学习过程和结果，教师通过网络平台的相关记录进行查阅。但是因为缺乏相应的过程监管，使得教师无法确定学生对于教学内容是否认真学习和完整观看，是否存在抄袭现象，甚至作业内容是否是学生本人独自完成等。线上教学缺乏过程监管，使得学生的线上学习情况存在真假难辨现象。

3. 线上线下混合式教学模式的应用策略

（1）加强高校线上教学基础设施建设

高校思想政治教学采用混合式教学模式，线上教学活动部分以高校网络建设为基础，以校内网、网络教学平台等基础设施为途径进行开展实施。因此为了保证线上教学活动的有效开展，高校应注重思想政治教学线上基础教学设施的建设，不仅需要购置相应的教学设备，更要注重教学设施的维护及系统的更新，特别是上述问题中提到的校园网络覆盖建设方面。

（2）提高高校教师线上教学设备的应用能力

线上线下混合式教学模式在高校思想政治教学中的应用效果离不开教师的业务水平和综合素养，提高现代高校思政教学教师对于现代信息科技教学设施的使用水平和应用能力，可以更好地发挥出混合教学模式的优势和作用。

（3）加强线上教学过程的监管

混合式教学模式的应用，对于线上课程的学习很大程度上依靠学生的自主性，当前情况下因缺乏过程监管，使教师无法确认学生学习效果的真实性问题。

（三）"三位一体"思政教学新模式

以"中国近现代史纲要"（以下简称"纲要"）为例，重点介绍一下如何在思政课程总实践"三位一体"的教学模式。所谓"三位"即是指在"纲要"课教学过程中，以研究、互动、实践为载体，让学生通过主动探究、互动交流、实践体验的方式，学习基本史实和理论；所谓"一体"则是将研究、互动、实践贯穿于"纲要"课堂讲授、网络教学、实践教学始终，三者于其中相互结合，融为一体。

1. 教学第一课堂构建

（1）通过专题教学整合优化"纲要"课教学内容，实现教师对教学内容的深入研究。

专题教学在三位一体教学构建过程中的具体实现包括以下两个步骤：

①依据指南，确定专题。基于以往专题教学实践可见，"与按照章节顺序讲授的传统教学法相比，专题教学更加突出问题意识，赋予教师专题选择的自主性；但在规范性不足的状况下，授课教师往往根据自己的研究专长或学术兴趣选题，或者为迎合学生的需要而设置专题，使得专题设置不够全面系统"[①]。缺乏系统性和整体性的"纲要"课专题化讲授，势必无法让学生真正信服，削弱了思想政治教育的效果。因此，教师可依据教育部高等学校思想政治理论课教学指导委员会编写的《中国近现代史纲要专题教学指南》确定专题教学内容。除此以外，教师还可根据学生思想实际与专业特点添设特色专题，以此增强"纲要"课教学的针对性与时效性。

②"分段主攻"，集体备课。任课教师结合自身研究专长选择相关教学专题，在研读经典、教材、专题教学指南基础上，采取调研、座谈等研究方法，特别是对专家、同行、大学生进行调查和访谈，搜集他们对"纲要"课专题教学的建议以及对一些理论问题的见解，做好前期的资料搜集工作。在此基础上，通过集体备课，团队助攻，对专题教学内容进行深度挖掘、深入思考，以及反复研磨，根据核心知识点重新设计、撰写并形成专题教学教案讲稿，付诸"纲要"课教学，

---

① 张树焕.深化中国近代史纲要"课专题化教学的路径探析[J].思想教育研究，2017（9）：71-74.

以此实现专题教学"问题导向、解疑释惑；逻辑清晰、论证有力；重点突出，贯穿主线"之目的。

（2）通过课堂研讨等教学法丰富"纲要"课教学形式，实现师生研究与互动的一体化

教师可在三位一体第一课堂教学中采用课堂研讨法。研讨法是基于建构主义学习理论，教育以人为本，教学以"问题"为中心，师生共同参与到"问题研究"的教学。它强调教师不是把学习内容以定论的形式呈现给学生，而是要求学生自主地发现问题并进行探究，重视学生在探究过程中获得的体验和感悟。因此，教师在准确把握"纲要"课教学重点、难点问题基础上，充分考虑学生基础以及他们学习各专题内容的兴趣点及存疑点，在部分重点专题下创设既与课程内容息息相关，又能充分激发学生探索欲与求知欲的研讨问题。选题确定后，将研讨题目与所需经典书目、重要历史文献通过网络教学平台提供给学生，引导学生在课前通过自主学习，为课上研讨做好充分课前准备。通过引导学生对相关历史问题、理论问题进行探究、分析、讨论，使学生形成对中国近现代历史的正确认识，以此提升大学生合作探究、分析解决问题的能力，是"纲要"课三位一体教学模式所要实现的主要目标。课堂讨论正是实现这一目标的关键环节。因此，教师对课堂讨论必须予以高度重视，在精细化备课过程中必须对各个环节进行合理的布置与策划，组织好课堂研讨。"纲要"课三位一体教学的课堂研讨采取分组研讨、每组选取代表发言，经由教师点评，师生共同打分，以此确定发言代表及小组研讨成员得分，最终作为平时成绩计入期末成绩的形式。

2. 教学第二课堂构建

"纲要"课三位一体教学的第二课堂构建主要包括以下三个方面：

（1）"纲要"课网络教学平台建设。"纲要"课三位一体教学的网络教学平台可设置为教学资源版块、师生生生网络交互版块、课外实践展示版块、校史校情特色版块等。教师通过网络教学平台为学生提供丰富学习资源，如经典文献、研讨选题、教师授课视频、专题课件、红色影像、无纸化自测试题等，以及网络交互学习环境、课外实践成果展示空间等，为学生预习课程、研讨准备、合作探究、课后复习、展示自我提供丰富资源与平台，使学生能够在自由的网络空间中学习"纲要"课程。

（2）运用新媒体作为"纲要"课网络教学平台的有益补充。基于新媒体互动性、即时性等优势，建设"纲要"课专属博客、微信群、QQ群、电子邮箱等，实现师生、生生线上即时互动，作为课堂研讨的延伸。

（3）开设"纲要"课配套选修课，如红色经典影视赏析、中国近代史人物研究专题等，对"纲要"课教学内容进行有益补充。

第四节　高校思政教师队伍的建设

一、高校思政教师的使命担当

（一）以立德树人为己任，增亮思政底色

讲好思政课，就要坚守好育人初心，高度认识思政教学的地位和作用。要从坚定理想信念、厚植爱国主义情怀、加强品德修养、增长知识见识、培养奋斗精神、增强综合素质等方面下功夫，引导学生扣好人生第一粒扣子，旗帜鲜明、毫不含糊地培养一代又一代拥护党的领导和我国社会主义制度、立志为中国特色社会主义事业奋斗终生的有用人才。

（二）准确把握时代命题，讲好中国故事

疫情之下，思政课的意义更为凸显。在积极响应"停课不停教，停课不停学"的要求下，思政课教师做好疫情防控期间的教学工作，与时代同频共振，把教案书写在抗"疫"一线，在思政教学与社会现实之间高效互动。使学生深刻认识到中国特色社会主义的制度优势，从而增强对党和国家的认同，坚定对实现中华民族伟大复兴的信心。进入了建设社会主义现代化强国新征程后，国时代更需要培养德才兼备的高素质技术性的人才，思政课要做好学生职业素养的功课，为教育增添光彩。

（三）及时回应青年关切，努力播撒精神养料

少年强则中国强，少年兴则中国兴。青年时期，正是思维最为活跃、对社会问题最为敏感的时期，青年的疑问自然不少。青年学生既充满个性，保持好奇，也能担当重任，富有情怀。因此，如何回应青年人的问题，与青年学生"打成一片"，守护青年学生的思想净土，让思政课入脑入心，成为时代之下的思政课题。这就要求我们在坚持政治要强、情怀要深、思维要新、视野要广、自律要严、人格要正这六点要求中增强思想的穿透力、震撼力，播撒精神养料，打开思政课堂的大门，让思政课赢得青年一代的青睐。

二、新时代高校思政课教师的多重角色

教师是立教之本、兴教之源。教师队伍的建设是高校人才培养的关键所在，高校教师队伍的整体素质水平决定其人才培养的质量。教师在高校思政课建设中扮演着多重要的角色，他们是先进思想文化的传承者和传播者、大学生健全人格的缔造者和塑造者。

（一）先进思想文化的传承者和传播者

马克思主义是我党的根本指导思想，是中国特色社会主义意识形态领域的伟大旗帜。思政课教师要做到"在马学马、在马言马、在马信马"。

1．"在马学马"是前提条件

马克思主义中国化理论是与时俱进、不断发展的科学理论。思政课教师要紧跟时代潮流学习马克思主义中国化的最新理论成果，不断用新理论、新思想、新精神武装头脑，做马克思主义理论坚定的信仰者、传承者、传播者。

2．"在马言马"是基本要求

思政课教师要将马克思主义理论内化于心，外化于行，使其成为自身的思维方式和行动指南。在教学过程中用好马克思主义语言，自觉抵制错误的社会思潮，如历史虚无主义、新自由主义、公民社会、西方新闻观、"两个质疑"等，做马克思主义的坚定传播者。

3．"在马信马"是核心要素

要让有信仰的人讲信仰，才更能让人信服。思政课教师要做有信仰的人，就要真正学懂弄通做实马克思主义理论，才能在教学过程向学生传授经验教训，在潜移默化中夯实青年学子对马克思主义理论的理解和领悟，从而引导广大青年坚定对马克思主义的信仰。

（二）大学生健全人格的缔造者和塑造者

思政课教师肩负着为国家培养劳全面发展的社会主义建设者和接班人的光荣使命。他们在教学过程中不断向学生传播马克思主义思想和真理，不断塑造其思维和灵魂，不断为新时代培养具有健全人格和担当民族复兴大任的时代新人。

1．他们是学生政治人格的塑造者

在讲授高校开设的思政课程过程中，教师要始终贯穿马克思主义的立场和观点，引导学生形成正确的政治人格，进而内化为坚定的政治信仰。

2. 他们是学生道德人格的塑造者

青少年时期正是青年学子道德人格形成的关键节点，而思政课教师就是学生道德人格形成阶段的典型示范者，教师要发挥身体力行、以身作则的活榜样作用，引导学生形成正确的道德人格。

3. 他们是学生情感人格的塑造者

情感的共鸣是良好的课堂氛围的"催化剂"，思政课教师要以有感情、有温度的课堂去感染学生。

4. 他们是学生智能人格的塑造者

教师要引导学生运用马克思主义的思维方式科学地、辩证地看待问题，正确解决实际问题，塑造其良好的智能人格。

三、高校思政课教师应当具备的能力

（一）思政课教师要有"备课的能力"

古人云：凡事预则立，不预则废。上课也要谋篇布局，备课是上好课的第一步，因此思政课教师要具备备课的能力。

（1）备教材即掌控教学教材的能力

使用专业话语体系的同时转化为学生乐于接受的教学言语，认真研读教材和相关素材，去粗取精、去伪存真、由此及彼、由表及里，按照科学的逻辑思维深加工成符合教学规律和学生成长规律的教学话语体系；

（2）备学情即分析学生心理状况和学习能力

通过问卷调查和学生走访，构建学生的认知图式，有针对性的因材施教提升教学效果；

（3）备意外即应对各种突发情况的能力

诸如停电、设备故障、学生相关突发事件的能力。总之，备课的能力强弱直接关系到整个教学过程，是保障高质量教学的重要前提。

（二）思政课教师要有"上课的能力"

教书育人始终是当今高校社会功能中最核心的构成。站稳三尺讲台、传道授业，上好课当然也是教师的核心工作任务。随着时代的发展和社会的反馈，提升教师的上课能力越来越得到学校和社会的高度认可。教师的"上课的能力"主要涵盖：

（1）分解和执行教学任务的能力

分解和执行教学任务的能力就是在规定的时间内将教学任务有效地落地，将教学内容有效地输出传递给每一位学生。

（2）研究和解决教学任务和教学内容中重点和难点的能力

受教学时间和学生学情的限制，教学内容不可能面面俱到、平均用力。在基于重难点分析基础上有的放矢地进行教学内容的取舍、教学方法的选择、教学过程的设计等等，进而确保教学实施过程的顺利开展。

（3）对接学生学习兴趣点的能力

基于学情分析的基础，将专业言语和学生话语结合，形成有利于学生接受的教学话语体系，这是上好课的重要环节。

（4）归纳总结的能力

归纳总结的能力就是反思课堂教学的能力。课后通过对教学任务落实、教学内容呈现、教学效果评估等的自我检视，发挥优势弥补短板，及时总结、记录、反思、改进、提升。

（三）思政课教师要有"科研的能力"

教学是基础工程，科研是提升工程，二者相辅相成。高校教师不单是教学的能手，更应是科研的行家。有益的科学研究可以有效地反哺教学和社会，当然科学研究也是教师的重要职责，思政课教师亦是如此。

（1）研究教材的能力

具备研究性教学的视角和能力，从而掌握教学内容安排的内在规律，运用整体观和系统观，最终科学提升教材的使用能力，内化为自身的教学素养。

（2）研究学生的能力

以"学生"为中心进行教学环节的设计，构建师生互动、有生命力的和谐课堂，使学生终身受益。

（3）研究教师自身的能力

即教师专业化成长之路的自我设计。思政课教师是学生精神家园的重要引路人，自身专业化成长是引领学生的重要保障。

（4）研究典型的能力

也就是研究典型学生和典型教学案例的能力，储备丰富的教学实践经验，研究教学过程的内在规律，为后续的教学提供相应的教学参考。

(四)思政课教师要有"管理的能力"

思政课教师不单单止于教书育人即传统意义上的传道授业解惑这一角色定位,同时是一位师者,具有身正和示范的功能定位,教师的言行对于学生的潜移默化影响深远,所以还要具有管理者的各种能力。

(1)管理自我的能力

这里包括外在和内在的两个方面。外在管理自我即自我形象的塑造,内在管理即是思政课教师内在职业素养的积淀的成长内化。

(2)管理学生的能力

使学生回归课堂,真正意义上投入课堂的相关学习。"三观"的正确引领、是非曲直的判断、真善美素养的养成等等,以期学生能在多元多样思潮的现实土壤之中,守住生命的重心和价值的底线,做有益于社会的有用之才。

(3)管理教材的能力

事实上,现在使用的思政课教材已经更新了不少版本,新知识的融入和旧知识的取舍对教师的教学知识储备具有一定的挑战性。管理好不同版本的教材体系、梳理弄通各种版本的教学内容及其重难点进而形成教师自身的知识体系,对于教学的意义不言自喻。

(4)管理突发事件的能力

在教学实施的过程中,难免会遇到主观上或者是客观上的一些突发事件,妥善处理好此类突发事件有助于正常教学实施的开展和高质量教学效果的形成。

四、高校思政理论课教师队伍建设现状与问题

(一)教师人数不足

在党中央、国务院以及教育部反复强调下,高校人才培养观念也有很大转变,从过去将重心放在专业教育上,到现在开始对思政教育有一定的关注,也推进了思政理论课教师队伍建设。这种情况下,高校思政理论课教师数量有所增加,但是与实际需求还相差比较远,师资力量依然有比较大的缺口。思政理论课教师不足,一个教师要对众多学生进行思想政治教育,肯定会力不从心,也无法有针对性地进行教育,最终导致高校思政教育成效低。

(二)队伍结构不优

思政理论课教育是由专职教师完成,教师水平影响思政教育质量。从目前思

政理论课教师队伍实际情况看，存在着结构不优的问题。与发达国家高校教师相比，我国高校教师队伍呈现低龄化的现象，思政理论课教师队伍亦是如此。年轻教师可增强思政教育队伍活力，不过职称低，骨干人才严重不足，就会影响到思政理论课教师队伍发展，也容易造成思政理论课教育质量不佳。思政理论课教师中高学历的占比少，以硕士为主，博士要远少于硕士，不能满足提高思政课教育质量需求。

（三）教师素质高低不一

高校思政理论课教师队伍的素质，存在着高低不一的问题。这个一方面与学历相关，另一方面则是与师德相关。思政理论课教师还有专业素养不够扎实的情况，非科班出身的一些教师没有接受过专业教育，思政教育能力薄弱，这种情况下难以做好思政教育。由于思政理论课教师不足，高校在面向社会招聘过程中，未能把好关，将非科班教师招聘进来，加入思政教育队伍中。这些教师有些是教育学专业毕业，有些是心理学专业毕业，虽然和思政教育有一定关联，但是没有系统学习过马克思主义理论。在这种情况下，专业能力相对比较弱，从而使整个教师队伍素质高低不一。阻碍了思政理论课教师队伍专业化发展，直接影响思政教育质量。

五、影响高校思政教师队伍建设的因素

互联网信息技术的快速发展给整个人类社会的发展与进步带来了巨大的改变。空间之间的距离因为网络信息技术变得越来越小，国与国之间因为网络信息技术的应用也没有了界限。近几十年随着中国经济的快速发展，网络信息技术在人们的工作、生活、学习中变得越来越重要。特别是在高校中，高校青年高校大学生正处在学习与接受新鲜事物的黄金时期，他们思想活跃，乐于接受互联网这种新鲜的事物。以往在高校中对高校大学生的教育主要是通过学校中国共产党党员教师，如学校主管学生工作的领导、团委教师、高校思想政治理论课教师、辅导员等人。在我国没有网络信息技术的时期和网络信息技术还不普遍的时期，高校教师的话学生是非常相信的，教育实效性也很强，但事实上是随着网络信息技术的普遍应用，在很大程度上削弱了高校党团教育的效果。网络信息技术既有利于世界经济的发展，同时如果应用的不恰当也会给人类社会带来很多疑难问题。正如200多年前马克思和恩格斯就一方面充分地赞誉了技术在人类社会发展中所发挥的巨大作用，但事实上技术所产生的异化现象和异己的力量，使人受到了压

榨和奴役，人类最后也失去了自由，成了机械式的工具。

出生在网络信息技术时代的 90 后 00 后高校大学生，他们追求个性、追求自主化的生活和学习，与 80 后追求经济物质还不同，得益于中国经济的发展，在这一时期成长起来的 90 后和 00 后高校大学生，他们更注重个人的情感体验与价值体验，对政治普遍不太关注，有着强烈的个人意识，从小到大习惯从网络技术中获得知识和信息。因此，他们从小已经养成网络思维，在生活和学习中都与网络技术分不开，尤其是 00 后高校大学生具有较强的网络社交、网络学习和网络消费的能力。网络性词语如佛系、吃鸡在其生活中很普遍，网络购物、网络游戏在其生活中也为他们的生活带来了很多方便，使其生活更快捷和便利。但事实上西方国家却利用当代高校大学生普遍使用网络信息技术的特点，在网络中通过各种形式向大学生渗透他们的政治理念、文化理念和生活。

信息网络技术产生之前高校大学生接收信息主要是通过高校教师，在教师的思想和行为影响下形成自己的世界观和价值观。但事实上是信息技术作为"静悄悄的革命"在当今以不受人们可控制的速度发展起来，真正地实现了中国人所说的"秀才不出门，便知天下事。"全方位地改变了学生的生活和学习，提供了新的认识世界的手段，高校大学生对网络的依赖加深，以往高校教师的教育主要手段显然已经不适应当代学生的新特点和新的需要。高校大学生对教师的心理需求也转向了网络，当人们从依赖媒介而获得了相应的满足，便越指望再次获得有用的信息，对媒介的依赖性就越强烈。高校大学生对网络的依赖使其思维发生了一定的变化，以往高校党团的教育可以有效培养学生发散的思维，但事实上是网络信息技术呈现出来的信息是直观和具体，容易使学生不再去思考，直观地去看，从而不利于学生多维思维的形成。通过网络信息技术可以快速地查找所需要的信息，使高校党团教育面临挑战，需要高校党团方面的教师及时更新观念，利用网络信息技术对学生进行合理的教育和引导。高校教师必须转变思维，首先，由传统的教学模式向网络信息技术下的教学模式转变。高校党团教师要根据学生特点不断研究和探索，重视校园网络安全的建设，加强对学生进行网络安全教育。其次，教师也需要掌握一定的网络信息技术，当前高校党团工作者有再深的理论功底，一旦网络信息技术不行，也很难走进学生心里，对其进行指导和教育。高校党团工作者要利用互联网技术在网络中通过各种形式与学生聊天、谈心，使青年形成正确的世界观和价值观。最后，高校要不断重视对教师网络信息技术的培养，给教师创造时间和条件去学习，在新形势下不断更新教师的理念，在新的背景下，利用网络信息技术更好地发挥高校党团教育的效果和作用。

六、优化高校思政课教师队伍建设的根本路径

（一）增强教师政治素养

高校要落实立德树人任务，就要以思政教育为主要切入口，而要想做好思政教育这项工作，教师队伍建设是关键，首先要强化对教师思想引导，使其拥有崇高的理想信仰和正确的信念，并能始终坚持不动摇。思政理论课教师要有比较强的政治敏锐性，在教育工作中能够从政治角度上去分析问题，在任何情况下都不能受干扰，保持自己的立场。教师要拥有扎实的专业素质，对马克思主义理论、中国特色社会主义、党的方针政策、社会主义制度优越性等应有全面了解和深入掌握，在面向学生进行思想政治教育过程中，做好传播，使大学生能够领会和掌握马克思主义重要思想，以及明确科学方法，坚定信仰，在政治上毫不含糊，跟着党中央走社会主义发展道路。

（二）强化教师专业能力和科研能力

思政理论课教师队伍建设中要强化专业能力，尤其是专业理论知识，以先进的理论知识武装自己，才能在教育工作中以理服人，使学生信服，达到更好的教育效果。目前来看，高校思政理论课教师队伍存在着专业理论掌握情况不一的问题，所以就要着手解决，提高所有思政课教师理论水平。拥有扎实理论基础，才能从正确角度上分析问题，也能用专业理论去回应社会热点问题。在这种基础上，学生就能更好地了解马克思主义理论，明确其包含的真理性，进而坚定对马克思主义信仰，积极学习核心思想和科学方法，思政理论课教育成效会全面提升。思政理论课专业性强，对教师专业理论素养的要求高，因为只有这样才能胜任理论课教学。基于此，高校要抓好教师专业理论的教育，使其不断自我学习，扎实理论基础，不断进行研究，提高自己的学术能力。这样不仅能保证教师专业素养持续提高，还能推动高校思政教育的发展。

（三）做好对思政理论课教师培训

高校在平时要开展多种多样的学习和教育活动，通过有效的培训，促进教师专业理论水平和学术能力提升。在实际操作中，应结合党中央和教育部对强化思政教育的要求，确定对思政理论课教师培养目标，然后在思政理论课教师队伍中挑选骨干教师，为其提供出去交流学习的机会，也可让骨干教师去一些党校或者是马克思主义学院深造和培训。这些人员在学习过程中，专业理论水平和政治素

养会得到提高，认知也会更为全面和深入，将自己在培训中所学习到的知识，传递给高校其他思政理论课教师。也可组织专题教研活动，相互学习，也可采取帮带的方式，帮助基础理论知识比较薄弱的教师讲授理论学习等。根据新时代高校思政理论课教育实际需求，以及教育目标，做好专题教研，将理论和实践融合起来，摸索出有效教育办法。

（四）提高思政教育能力

强化思政理论课教师队伍建设，主要是为了提高教师教育能力，使其更好地服务于高校思政教育，为国家培育出既有专业技能，又有良好思想道德与政治素养的人才。所以说，思政理论课教师队伍建设中，一定要提高教师教育能力和水平。首先，思政理论课教师要转变思维，明确这门课程的教育价值和意义，在此基础上结合思政教育总体目标，做好教育设计和安排。过去思政理论课教师采取灌输方式，不能契合兴趣需要，学生学习积极性不够高。所以新时期思政理论课教师要加强对这项教育工作研究，创新思维和方法，构建良好的思政教育环境，增强思政理论课吸引力，促使学生积极参与，在体验与实践中领会相关内容，从而坚定信仰和政治立场，践行核心价值观。教育中既要突显思政教育核心价值，又要具有将思政教育与专业教育结合起来的能力，促进学生身心健康与职业素养发展。思政理论课还要联系实际，引入一些社会热点，将其与教学内容结合，使学生认识到思政教育的价值和作用，能够从政治角度上辩证看待问题。思政理论课教师在教育中应当提高运用信息技术和网络技术能力，打造情境，将思政理论融入具体场景中，促使学生更好地分析和理解。平时可借助于网络，开展碎片化教学，借助于微课、翻转课堂、研究性学习等，坚持以生为本，增强思政理论教学互动性，使学生更好掌握相关理论，形成共鸣，进而更好去吸纳知识。

（五）完善教师考核制度

高校思政理论课教师队伍建设中，需要完善考核制度。考核一定要全面化，针对政治素养、专业理论水平、思政教育能力、科研贡献、职业道德素养、师德师风、与实践结合能力等，展开全方位评价。确定好考核和评价指标，可从五个方面着手，分别是德、能、勤、绩、廉。同时还要完善配套的激励机制和保障机制，根据考核对教师进行物质和精神奖励，或者是将其和教师福利、晋升、评职称等联系起来。这样可对思政理论课教师起到很大的激励作用，促使其不断提升各个方面，思政理论课教师队伍整体素质会提高。

第五章　高校院校思政课程与教学模式探究

本章针对高校院校思政课程与教学模式探究展开论述，围绕四个方面进行阐释，依次为高校思政课程教育现状、高校思政课程的教育体系、高校思政课程的教学实践、高校思政课程教学改革与创新。

第一节　高校思政课程教育现状

一、学生对课程认同感低

新时代高校教育的根本任务是立德树人。习近平总书记在全国教育大会上指出："要把立德树人融入思想道德教育、文化知识教育、社会实践教育各环节。"[①]当前思政教育贯穿到职业教育、基础教育、高等教育等多个领域，通过完善的学科体系、教学体系、材料体系，促进人才培养和教学工作的全面发展。高校在思政教学工作中，教师围绕立德树人的教育目标来培养学生，这就要求学生也要围绕这个目标开展学习。从当前情况来看，学生在思政课教育教学期间缺乏学习动力，未能有效结合思政教育的根本理念和紧紧围绕这个教学基调来进行思政课知识的学习。普遍存在学生对思政课学习不感兴趣，其学习水平有待提升的问题，这给推动思政课教学改革和教育的常态化、创新性发展带来不利影响。部分学生在思政课教育教学中，还是以被动的听讲形式为主，缺乏与同学和教师之间的有效互动，也没有结合新时代现代化的教学方式和资源，扩大自己学习的知识范围。此外，学生缺乏自主学习思政课知识的意识，主要通过课堂教学的形式参与到思政课的学习活动中，没有在课后按照思政课教育理念和发展特征，提升自我在专业能力发展和创新能力发展等方面的思想水平，一些学生的思想、素质还存在问题与偏差。

高校大学生对高校思想政治课程价值的认识存在误区是造成高校大学生不太

---
① 习近平在全国教育大会上的讲话.2018年9月.

认同此课程的内在原因和根本原因,而造成他们对此课程价值产生错误认识的原因又是多方面的,主要表现在以下方面:

(1)高校大学生的心智和能力有待提高

高校思想政治课程是一门综合性、理论性、思辨性较强的,强调自主分析疑难问题、有效地解决疑难问题能力的学科,它需要高校大学生具备比较完善的知识结构、较强的辩证思维和逻辑分析能力、一定的社会阅历和较强的心理素质,而当代高校大学生的以上能力因种种不良因素的影响又有待提高,如其一,大部分高校大学生来自独生子女家庭,从小学到高中生活上由父母精心安排,学习上由学校、老师给予教科书式的计划,这在一定程度上造成了他们的心智不够成熟,自主学习能力和学习的主动性欠缺、分析、认识和判断新事物的能力匮乏;其二,中学阶段的他们为了顺利升学,而把绝大部分时间用在学习上,致使他们很少接触社会,造成其生活阅历较浅;其三,由于中高考制度的弊端,使得他们因专业课学习几乎占据着全部的学习时间,而很少去学习其他方面的知识,从而造成他们的知识结构不够完善等。以上因素容易使得部分高校大学生因觉得此课程抽象难懂,而失去学习的兴趣和动力,长此以往,就会使得他们因体验不到这门课的作用,而对其价值形成错误的认识。

(2)不良环境的冲击

一方面,不良社会现象和网络的负面影响。当前我国市场经济在不断推进和快速发展,但事实上其相关法律法规却比较滞后和不完善,使得社会上出现了诸如贫富差距加大、人情冷漠、官员贪污腐等不良现象;网络具有双面性,尤其是对于作为新一代"弄潮儿"而正确的价值观念和较强的价值判断能力又尚未形成的高校大学生来说更是如此。网络上的虚幻性、理想性遮蔽了生活酸甜苦辣的真面目,网络向青年高校大学生描绘的生活蓝图里没有艰苦奋斗,只有本该如此、没有泪流满面,只有欢声笑语、没有规律,只有巧合。这些不良现象和"网络生活蓝图"与该课程的许多观点是背道而驰的,这就使得处于正确"三观"形成时期高校大学生错误地认为该课程是不可信和无用的,从而对此课程的价值产生错误的认识。另一方面,功利主义的侵蚀。随着我国改革开放水平的不断提高、经济全球化的进一步加强等使西方一些不良思想和观念侵蚀着高校大学生的思想,误导着高校大学生的价值取向,使得部分高校大学生逐渐形成了实用主义的判断标准和功利主义的价值取向。再加上,我国严峻的就业形势和用人单位片面强调专业技能而忽视思想道德素质的用人标准,使部分高校大学生把关注自身未来生存状态和如何更好地就业放在首位,而把"为早日实现中国梦和共产主义理想而奋斗"视为空洞无用的说教,他们判断一门课程是否有用的标准是能否为自身未来的就业增添砝码,在他们看来此课程是属于不能直接为他们未来就业服务的课程,是无用的。

(一)学生对思政课教学内容缺乏认同感低

因为思政课教学内容大多关注国家的大的发展战略、外交政策、新中国史、改革开放史等重大的理论问题,与学生现实生活、学习联系不是十分紧密,而另一方面高校学生又受到社会功利主义、现实价值观的影响,希望学习到对自己就业、升学有直接帮助的知识,在大学的学习中更注重学习目标的短期性、实用性!这两者之间就出现了一定的错位。在这种观念的影响下,部分大学生就认为思政课与专业课相比是"无用的",是"水课",不值得花费过多的时间、精力去学习。另一重要原因,思政课的教学是初高中、大学一体化的教学体系,在初高中阶段学校就已开设过政治课、历史课,很多知识点学生们已经学习过了,大学的思政课只不过是以新的方式重新呈现,知识点本身缺乏一定新鲜感,使学生们觉得思政课的内容无聊、重复,甚至在上课之前就已经出现了一定的逆反、抵触心理。正是在这两种普遍心理的影响下,部分大学生对思政课教学内容缺乏认同感,出现了在课堂上玩手机游戏、走神的现象,思政课"抬头率"低的问题也逐渐显现出来。同时还有部分思政课教师还未真正站在学生视角思考教学问题,满足学生在上课时的不同需求:教授内容有时照本宣科、空洞无物;有时资料老旧、教学方法刻板;有时过于注重授课内容的理论性,对授课内容的现实性、实践性挖掘不够,这都使得学生对思政课授课的内容、方式难以产生认同感,学习思政课的热情乏善可陈!

(二)学生难以对课程及教师产生情感上的认同感

由于目前思政课教师队伍还亟待扩大规模,师生比还亟待提升,我国目前很多高校仍采取大班、混合专业授课的方式。有的思政课教师甚至要带一百多号人的大课,这就造成了上一学期课教师还无法熟悉大部分学生,叫不上学生的名字,为了保证到课率还必须采取点名的方式,思政课成为"点名课",更别说跟学生之间进行有效的沟通,给予学生个性化、有针对性的教学辅导。也正是基于这些现实层面的原因,思政课教师在授课当中无法与学生建立更进一步的良好、亲密的师生关系,很难在授课过程中与学生产生情感的共鸣,做到思政课教学中的以情动人,用情感感化、引导学生。

二、课程内容不够完善

（一）课程内容与社会现实脱节

1. 思政课程内容体系存在理论化倾向

由于社会热点问题的敏感性、复杂性，当前的思政课倾向于将课程内容概念化，"缺少源于问题、贴近生活、切合学生的辩证逻辑论证过程"，导致思政课"空""泛"，不能对接问题有效地"答疑解惑"，从而削弱了思政课感召力，降低了理论对生活实践的指导作用。

2. 思政课程内容体系存在理想化倾向

当前，思政课往往满足于传播"正能量"，对外界"假、恶、丑"避而不谈或者一笔带过。其实，思政课应当全面、客观、立体地呈现社会现实，其内容设置要突出问题意识，不应回避现实社会中诸多矛盾和问题，而应注重对学生进行"疏"和"导"，通过理论阐释和理论批判，引领他们用理性的、辩证的眼光看待社会、认识世界，树立正确的价值观念，从而不断增强对马克思主义科学理论的信仰和中国特色社会主义"四个自信"。

（二）课程内容忽视学生发展需要

1. 思政课程内容体系缺乏对学生现实需要的关注

思政课是落实立德树人的关键课程，"以人为本"应是思政课程内容设置的宗旨。可是现在的思政课程内容经常"习惯性"忽略学生内在需要，"武断"地将自认为有利于学生成长的内容塞进教材、融入课堂，往往让人有不适之感。思政课的话语能不能产生实际效用就要看这话有没有说到位，有没有说到学生的心坎上，有没有瞄准学生现实需求解决有效内容供给问题，这才是提升思政课育人实效的"金钥匙"。

2. 思政课程内容体系缺乏对学生自身问题的关注

思政课程内容应充分反映学生的心智特点，以加强课程教育的针对性，现行思政课程内容设置在这方面还有继续努力的空间。小学思政课程如何针对学生实际问题设置相应的课程内容体系，为此类问题提供解决之道，应是目前课程内容体系改革的着眼点。

新时代高校教育的核心理念在于以学生为本，通过以学生为中心的形式来组织和开展教学工作。思政课教育作为学生在高等教育学习阶段的主要课程之一，需要在每个专业的教学中落实思想政治教学工作，还要时刻关注和追踪思想政治教育主题，保证思想政治教育内容可以落实以学生为本的教育理念，这也是推动课程建设和发展的出发点、归宿。同时，在面向学生的思想政治教育工作中，学校需要全面丰富与优化思政教育内容。目前，还存在思想政治教学内容广泛、同质化严重的现象。不同学生的思想政治学习基础和能力各不相同，这就需要学校在思想政治教育课程开展中，以推动学生个体发展为目标，全面丰富和优化思政教育内容。高校思政课教育还是以传统的课堂教学内容、资源为主，注重对学生进行教材、理论知识的讲解，没有结合新时代发展的实际情况，引入多样化的思政教育资源，从而导致高校在思想政治教育发展中存在同质化严重的问题，给思政教育教学的发展以及教学效果提升带来不利影响。思想政治教育内容广泛、缺乏创新，也会影响学生参与课堂学习的积极性。学生会认为思想政治教育知识枯燥和乏味，也不利于帮助学生更好地了解社会前沿以及时代的发展现状，造成思政课教育教学与时代发展相脱离。

（三）课程内容缺乏学段间的有效衔接

1. 部分思政课程内容断裂和缺失

在思政课程内容一体化建设过程中应当注重整体性、全面性，注重思政课程内容构建各方面的要素和谐、完整。然而现在的思政课课程很多内容没有涵盖。

2. 部分思政课程内容简单重复

大中小学思政课一体化建设应当内容精简，避免无意义的重复，按照不同学段学生的身心特点和发展需要，有序安排层次性强的课程内容。现行的思政课各个学段的课程内容基本都会围绕"社会主义核心价值观""社会主义""爱国主义"等内容展开，虽然某些内容由于其重要性，会通过反复强调的形式，根据学生不同阶段的接受程度进行层次上由浅入深的处理，但"反复强调"并不意味着"简单重复"。因此，若想解决大中小学不同学段思政课程内容简单重复的问题，就必须打破不同学段"各自为政""各说各话"的现象，增强交流与沟通，增设教师交流学习的平台，形成教育合力，促进思政课程内容改革一体化。

3. 部分思政课程内容存在倒置

思政课程内容设置不仅应当有梯度、有层次、有差异，还必须按照学生心理接受能力与知识理解水平进行内容编排。现行思政课程内容体系不同程度地存在下一阶段学习内容提前、不同阶段学习内容倒置的情况。

4. 部分思政课课程内容断层脱节

思政课程的终极教育目标是为新时代培养合格的社会主义建设者和接班人，

为了达成这个目标，必须将课程内容进行分时段优化设计，在相互配合中对思政课内容进行梯度和层次化处理，同时确保各个学段之间的衔接与自然过渡。遗憾的是，现行思政课程不但存在层次不清、内容倒置、简单重复的情况，还有不同学段跨度过大等问题。虽然不同学段课程内容区分难度、展现梯度是正确的，但是如果突然提升难度，"步子迈得太大"，衔接过渡不自然，就会适得其反，降低思政课实效。

三、课程教学方式有待创新

为了提升思想政治课教育效果，思政教育应该坚持学以致用、讲求真效的最高教学宗旨和最终目标，推动课堂教学改革工作的全面发展。同时思政课教学无论采用何种形式、理念，都需要朝着最高教学宗旨和目标的方向前进。思政教育课程在教学与发展中，信息化的教学理念也要学以致用，与讲求真效的德育要求相匹配。现阶段，高校在新时期背景下的思政教育工作问题日渐凸显，很多高校未能有效按照学以致用、讲求真效的最高教学宗旨和原则，促进思政课教学水平的提升。而且思政课教学还存在教学方法有待创新的情况，仍以传统教学模式为主，没有将案例分析教学法、翻转课堂教学法、信息化教学手段引入到课堂教学中。学生只能通过教师思政课理论讲解、课堂听讲等形式，参与思想政治的学习中，从而很难提升对思政课学习的兴趣。互联网时代背景下，学生的思想观念以及学习行为方式发生改变。思政教育需要坚持学以致用的教学理念，引导学生进行有效的思政学习。由于缺乏对信息化教学手段的运用，使一些学生在信息化学习方式、平台的应用方面缺乏意识，其学习意识和思想还是停留在传统课堂教学理念方面，参与课堂的积极性也不够高。

第二节　高校思政课程的教育体系

一、高校思政课程体系构建必要性

（1）高校构建思政课程教育体系是帮助促进中国特色社会主义建设事业发展的需要。良好的社会主义价值观念的塑造是提高高校学生思想道德素养的有效途径。社会主义价值观念的培养需要渗透到高校教育的方方面面，才能够真正将思政教育的效果落到实处。

（2）思政教育是高校的工作内容之一，培养合格的社会主义事业建设者是高校的重要教学目的。而目前的高校思想政治教育工作的内容和方法等还相对单一，不利于思政教育效果的提升，因此需要高校对思政教育体系进行构建。

（3）高校教育的课堂思政教育等模式的展开对学生的思政教育效果提升有限，学生在单方面的教学活动中感受到的思政教育内容感染性不强。多种形式的思政教育体系能够从多方面提升思政教育的效果，增强思政教育的感染力。

二、高校思政课程体系构建的现状

（一）思政课程体系不完善

我国的高校根据相关教育领域的规定开展了思政教育课程内容，通过相对完善的思政课堂教学构建基础性的思政教育体系。思政课堂教学的内容与体系构建的目的是希望高校学生可以在课堂内容的指引下提升其道德观念，进而促进其综合素质的提高。但是传统的课堂教学模式已经不能够适应时代的变化，难以帮助学生更好地在思想上、理念上、精神上有所成长和发展，不能为学生适应社会"经济发展""文化建设"提供支持和帮助。特别在信息大爆炸的时代，高校学生会受到多种社会思潮的影响。如果高校的思想政治教育体系依旧以课堂教学为主，将会使教师难以充分满足学生的基本需求和特点，无法从学生全新的行为特征和认知特点的角度出发，提升思政教育的有效性和实效性，继而导致高校思政教育体系难以发挥出应有的功能与作用。对此，高校应该完善其思政教育体系，以提高思政教育的效果，避免学生因为不良思想的影响而树立错误的人生观念。此外，在思政教育体系构建的过程中，高校在教学氛围、师资队伍、教育政策等方面普遍缺乏能够影响思政教育效果的育人要素的意识，致使思政教育体系不够完善。因此，只有充分发挥相关要素的功能和作用，才能让思政教育体系更加科学、更加完善。

（二）思政课程教育内容与方式落后

现在高校思政课程教育体系构建中的很多内容都和方法等都需要进一步提升其与现代科学技术等的适应性。因为很多思政教育体系的内容和形式已经不能够适应时代的发展，需要进一步改进。

1. 教育形式上

高校思政教育普遍以理论传授为主，注重对学生道德素质、政治素养及法律素质的引导。然而在计算机信息技术快速发展的背景下，学生普遍接受了多元化、形象化、碎片化的数据信息，难以对纯文字或纯理论的信息产生兴趣。然而在我国高校思政教育中，还难以形成以信息化技术为主导的教育态势，导致学生获取多样化、多元化信息的诉求难以得到满足。

2. 教育内容上

思政教育内容缺乏与时俱进的特征和特点，思政教育只局限在课本上，难以与社会发展实际相融合，相互渗透，进而使学生对思政教育的有效性和价值性产生质疑和困惑。大部分学生希望在思政教育内容上出现时事政治、社会新闻等内容。但我国高校思政教学内容中，却鲜见此类内容。简而言之，高校的思政教育体系的构建应该在充分利用先进科学技术的同时，将时代性的内容纳入教学素材中。但是目前的很多思政教学内容的有关材料选择方面依旧和学生日常接受到的信息内容存在差距，不利于思政教育效果的提升。

（三）缺乏对人生观念、思想素质、学生素质的关照

高校思政教育体系普遍追求对马克思理论知识的传授和阐释，缺乏对学生人生观念、思想素质、综合素质的重视，导致思政教育所拥有的基本功能和作用难以得到充分地彰显。譬如在人生观念上，高校思政教师无法通过思政课堂、信息化技术、校园文化等渠道帮助学生强化人生观念，导致学生在人生观念形成与强化的过程中缺乏必要的支撑，从而影响学生健康成长与发展的质量。在思想素质层面上，高校思政教师虽然能够通过理论教学的方式，帮助学生提升思想素质，但由于课时有限，学生思想素质提升的效度相对有限，需要教师通过协同育人的方式，为学生营造出有利于思想素质提升的校园氛围。在氛围营造上，教师普遍在方法上存在问题，即难以明确氛围的营造方法。在管理制度完善上，思政教师很难协同其他教育工作者、管理者，从制度优化、完善及改进的角度，为学生营造良好的成长氛围。而在学生素质方面，校园文化对提升学生综合素质有着举足轻重的作用。但校园文化所承载的功能较多，容易弱化思想政治教育在学生素质提升中的价值，需要思政教育工作者对其进行优化和改进。

三、新时期高校思政课程体系提升策略

（一）科学规划的基础上明确思政教育目标

新时期高校思政教育活动开展离不开系统规划，在系统规划的基础上明确教

育目标，借此增强思政教育方向性与目的性也具有重要意义。例如，教师可以将学生正确三观塑造作为阶段性的思政教育目标，在这一目标指引下，教师可以联系社会主义核心价值观等内容，在思政教育中进行正确世界观、人生观与价值观的培养尝试，借此来提升新时期高校思政教育的方向性和目的性。在学生思政知识学习兴趣培养与提升这一目标的指引下，教师则可以通过游戏教学法的应用，教学语言风趣程度的提升等进行思政教育。新时期高校思政教育中需要兼顾的教学重点事宜较为多样，为了尽可能提升思政教育有效性，教师自然也要做好相应教学规划，在具体目标的指引下开展教育教学活动。在确立出不同的教育教学目标后，教师更应当围绕着既定目标达成状况进行教学评价，从而更好掌握相应的教学动态。

（二）构建多维互动的思政课堂

高校思政教育中缺乏良好互动大为削弱了思政教育的实际有效性，为此，构建多维互动的思政课堂十分必要，即课堂教学中需要将生生互动与师生紧密地联系在一起。例如，在讲解"政体"相关知识时，教师可以结合英国、美国、日本这几个典型国家的政体特点是什么，不同政体的优缺点体现在哪些方面等创设一些互动性问题，引导学生结合所学进行具体思考。这一进程中，教师可以深入到学生群体中观察学生的互动表现，并提供一些针对性的教育教学指导。思政教育中教师还可以结合相应知识与内容创设互动性更强的问题，并借助相应问题的创设引导学生进行思考与探究，鼓励学生进行小组合作式的探究学习。当生生互动与师生互动有效联系在一起后，课堂中的互动过程也就可转化为教师开展思政教育引导的过程，进而带来思政教育有效性地更好提升。

（三）联系时事资源丰富思政教育内容

思政知识是与现实社会、现实生活联系密切的知识，在思政教育中，教师也可以联系时事资源丰富思政教育内容，这也是提升思政教育有效性的重要途径。例如，在《当代世界经济与政治》相关知识的讲解中，教师可以联系世界性突发事件影响下世界主要经济体的经济发展状况，世界性突发事件对世界经济与政治影响等讲解相关知识，让学生能够联系实际生活中的具体认知学习与理解思政知识。不断引入时事资源，站在生活化视角进行教育教学后，高校思政教育的时代内涵也会越发丰富。学生能够理论联系实际的学习、运用相关知识后，学生的思政知识运用能力也可以得到更好培养与提升，这也有助于高校思政教育质量的不断提升。

（四）注重多种创新教学法的应用

由于相应教学方法的应用会直接影响到高校思政教育进程，以及最终的教育成效，教师要注重多种创新教学法的应用。在《法律基础》相关知识的讲解中，教师可以对情境教学法予以具体应用，通过创设一些与知识、内容相关的教学情境，让学生能够更为顺利地学习相关知识。微课教学法、思维导图等都可以在高校思政教育中得到较好应用，这些创新教学法的应用也可以在促进教育教学形式创新的同时，有效丰富思政教育内涵。为此，教师应当需要更多的思政教育创新意识，通过不断进行思政教育教学创新的方式，从更多角度进行思政教育尝试，这也能为教师提升思政教育有效性提供更多选择。

第三节 高校思政课程的教学实践

一、思想政治课坚持理论性和实践性相统一的重要意义

（一）促进理论理解与认同

相较于其他学科，思想政治课是一门理论性、抽象性比较强的学科，其包含对实践经验的高度概括和抽象。学生在学习过程中常感到枯燥、晦涩和难懂，存在畏惧心理。为了确保科学理论更易于被学生接受，消除学生对教学内容产生的距离感和陌生感，让理论学习入脑、入心、入行，进而提高思想政治教育效果，思想政治理论课的改革创新必须坚持理论性和实践性相统一，合理有效地将理论知识与实践活动相结合，以增强理论亲和性，促进学生对理论知识的接受、理解和认同，实现教学内容内化于心。例如，教学"公民的政治生活"之"人民民主专政的本质是人民当家作主"，如果只是从理论层面进行讲解，学生会觉得它离自己的生活比较远，但如果能走进社会、走近农民工人大代表，让他们谈谈当选过程以及当选后为农民工"发声"的经历，把理论融于鲜活生动的典型事例，用生动事例弥补理论的抽象性，学生就会感受到人民民主的真实性和理论的亲和性。通过人民民主的生动写照，促进学生对人民民主专政理论的理解与认同。

（二）提升学生实际获得感

青少年学生正处在身体和心理的成长时期，思想、理论、情感以及价值选择上存在诸多迷茫与困惑。例如，教学"政治生活：有序参与"，有些学生存在参不参与政治生活无所谓、懂不懂政治没有关系的错误观念，更存在脱离政治的幼稚想法。在这种情况下，提升学生思想政治课的获得感，必须坚持理论与实践相结合。一方面，要有针对性地开展理论教学，使理论教育与学生需求合拍对路，增强学生对理论和自我之间关联性的感悟。另一方面，要通过社会实践活动引导和端正学生的态度和行为，增强学生对理论和自我成长需要之间重要性的认识。例如，在教学过程中，组织学生就学校所在地交通问题，向当地政府反映情况并提出建议。在当地政府予以合理采纳后，学校所在地交通秩序有了明显好转。学生通过实践活动明显感受到政治生活的作用。通过理论澄清与实践参与，学生既明白了中国特色社会主义民主政治的特点和优势，又懂得了参与政治生活的方式，具有了学习思想政治课的获得感。

（三）增强教学时代感

思想政治课具有较强的时代性，教师要想提高课堂的吸引力，教学内容、教学方法要紧跟时代节拍，努力体现时代性。如果思想政治课与现实生活严重脱节、教学内容滞后、教学手段落后，不但教学效果大打折扣，还会给思想政治课造成潜移默化的负面影响。思想政治课坚持理论性和实践性相统一，就是在教学中关注社会现实，用现实因素激活思想政治理论课教学，让课堂教学赋予时代性。在教学内容上，以现实话题为切入口，将社会热点、焦点事件与教学内容相联系。例如，教学"广泛、真实的民主"，对比中美抗疫的巨大差距，揭示美国政客对民众生命安全的漠视和美国民主的虚伪性；而中国在新冠肺炎疫情发生后，始终把人民群众生命安全和身体健康放在第一位，把疫情防控作为当前头等重要的大事，彰显出心系人民的情怀，对人民生存权和发展权的保障。通过引入热点问题，给学生全新的知识感受，让学生感受到学习内容的新鲜性，加深对人民民主的真实性的理解和认同。在教学方法上，让雨课堂、微课、对分课堂等新型教学形式走进课堂，实现信息技术与教育教学的深度融合，以学生喜欢的方式展开思想政治课教学，增强思想政治理论课的时代感。

二、新时代高校思政课的教学实践内涵

当前形势下,高校思政课要放在世界百年未有之大变局、党和国家事业发展全局中来看待,要坚持在改进中加强、在创新中提高。构建"以学生为中心"的混合式教学实践模式,是立足高校思政课改革创新的新要求,从"以学生为中心"的教育学视角出发,坚持用新时代中国特色社会主义思想铸魂育人,引导大学生对新思想、新理念、新方法的政治认同、思想认同、理论认同和情感认同。21世纪新技能的需求,为人才培养模式提出新的要求。多媒体技术在教学过程中的创新性发展、新时代学习环境与教学观念的改变,使得"以学生为中心"的教学实践成为顺应当前知识社会的新理念。高校思政课是立德树人的关键性课程,旨在培养合格的社会主义建设者和接班人。高校思政课中构建"以学生为中心"混合式教学实践,教师要坚持"以学生为中心"的理念,在马克思主义理论学习和实践中激发大学生的学习情绪,发挥大学生学习主动性,挖掘大学生内在学习潜力,促进和支持大学生的全面发展;在教师指导下,学习活动坚持以解决问题为中心,注重发现问题并且提出解决问题的方法,通过大学生自发组成团队模式开展社会实践调研等活动,引导大学生主动追求真理、力求找到解决问题的方法和答案;满足大学生自身的需要,促进大学生学习发展,凸显大学生的主体性。"以学生为中心"的教学思想对教师提出了更高的要求,需要教师运用一定的教学方式方法和措施来调动发展大学生的学习兴趣。可以说,这是教师教学理念、教学目标、教学评价等多方面的变革。

三、高校思政课坚持理论与教学实践相统一的策略

(一)坚守思想政治课理论性

知是行的前提和基础。坚持理论性和实践性相统一,思想政治课要坚守理论性,重视学生的学,通过课堂教学传授理论知识,以透彻的学理分析回应学生,使学生全面理解和深刻领悟公民有序参与政治生活的基本理论、观点、方法,把理论内化为主体意识,让学生"知",让学生认同。

1.提升教师的授课能力

教师是思想政治课教学的主体,是理论知识的传播者。教师要提升自身理论功底,为理论知识教育做足保障,并能将理论课内容"浸入"学生心中。

2. 提高学生的理论认同度

学生是思想政治课理论知识的接受者,要尊重学生的主体性地位,把课堂的主动权交给学生,让学生积极参与课堂教学,思考和探究问题。探索性学习中的对话、互动等为课程教学打下学生自主建构知识的基础,学生发自内心地感受到了我国政府在权力监督方面所做出的努力以及取得的成就,并具有对政府不断为公民行使民主监督进行政治体制改革的积极的情感体验,这比单纯灌输获得的知识理解更透彻,增强了学生的理论认同。

(二)重视思想政治课实践性

行则是知的价值指向。坚持理论性和实践性相统一,思想政治课要重视社会实践活动,重视学生的行,结合课程内容,开展实践活动,用所学理论知识指导自己的行为,强化理论知识的运用,按照有序参与政治生活的理论要求去做,化知识为行动。

1. 开展课堂实践

课内实践活动包括讨论、辩论、演讲等形式。通过课堂实践活动,让学生在参与中体验和感悟参与政治生活的方式。

2. 开展校园实践

校园实践可以强化学生的行为。比如,通过模拟听证会,让学生感受民主决策的重要性,锻炼自身参与能力,懂得怎么发挥自己在决策中的作用。此外,可以组织学生参加阅读报刊、收听广播、收看新闻等时事政治学习,培养学生关心社会以及国家大事的习惯。

3. 开展社会实践

社会实践包括社会调研、社会志愿服务等形式,可以引导学生行为。实践活动都是学生参与政治生活的渠道和方式,通过这些活动,提高参与政治生活的素养,增强参与政治生活的能力。

(三)融合思想政治课两个课堂

坚持理论性和实践性相统一,要解决思想政治课理论教学与实践教学分离、割裂问题,正确处理理论教学与实践教学之间的关系,要融合思想政治课两个课堂,把理论教学与实践教学相结合,使之相互补充、相互促进,让学生既能学好理论,又能把已学理论知识应用于实际,实现理论和行动的双重自觉。

1. 理论教学是基础

理论教学是思想政治课的本质，主要以课堂讲授为主，旨在提高学生的理论认知、认同及理论修养，为实践做好知识储备，减少实践的盲目性，增强行动的自觉性。理论教学是实践教学运行的起点和基础，不能忽略课堂教学的理论价值，要坚持其主渠道地位。

2. 实践教学是延伸和补充

思想政治课实践教学主要以学生的"做"为主，旨在提高学生运用理论、方法的能力，深化对理论的理解，增强践行理论的自觉性。实践教学是以思想政治理论为实践内容，是课堂教学的延伸和补充，有固有的要求和内容，不是简单的社会实践活动，是在思想政治理论指导进行下的教学实践。

3. 融合两个课堂

思想政治课要注重理论教学与实践教学相结合、理论教育与实践教育并举，让学生在理论和实践的统一中深化认识、自觉践行，使立德树人根本任务得到落实。在"公民的政治生活"教学理论和实践相结合过程中，理论教学解决了学生的政治参与理论认知，实践教学解决了学生政治参与的情感、态度与能力，实现了预期的教学目标，达到了预期教学要求。

四、现代混合式教学实践模式的探索

（一）精心设计教学目标，认知认同上拓展广度深度

教学目标的设计是教学关键的第一步，应该遵循"学生发展"的原则，坚持确立整体性学习目标，以知识与技能为主线，坚持以学习探究为要义的过程与方法。科学的教学目标是可以满足学生成长发展的需要和期待。

1. 把理论思想的活学活用作为教学灵魂进行设计

高校思政课不仅要有思想的碰撞、师生之间情感的交流，而且还要将思想的力量、学术的风采、逻辑的魅力和时代的温度传递给大学生。因此，应该把新时代中国特色社会主义思想作为教学目标设计进去，以其理论思想的活学活用作为教学目标的高级目标进行设计。

2. 以"扣好人生第一粒扣子"为目标

青年阶段是人生的"拔节孕穗期"，世界观、人生观、价值观处于塑形阶段，需要精心引导和栽培，这就要求高校思政课教师在大学生心里种下"真善美的种子"，教学目标要跟上时代节奏，在应变性和适应性中与时代发展同向同行，坚

定大学生理想和信念。

3. 以促进大学生潜力开发和能力发展为目标

高校思政课在教学中以培养大学生提出问题、分析问题、解决问题能力为主，进而培养大学生的批判思维；培养大学生通过鲜活事例对社会现象进行思考与客观评价的能力；在矛盾和问题的解决中，培养大学生理论联系实际的能力。

（二）合理安排教学内容，理论阐释上把握时代脉搏

教学内容是教学过程中的"灵魂"，应该遵循"学习效果"的原则，坚持个性化教学设计，注重学生整体差异性，鼓励学生独立学习，以真实学习情境为资源，根据学习态度和条件随时调整预定教学环节和步骤，根据学习需要和兴趣因材施教，促使学生积极参与。在教学内容的安排上，把握时代脉搏，引导大学生增强"四个自信"，厚植爱国主义情怀，符合"提升思政教育的亲和力和针对性"的要求。

1. 将基础知识的传授与专题讲授相结合

高校思政课应以问题为导向开展专题式教学，遵循信息时代学习革命要求。授课教师依据学生专业知识、认知水平，以现实问题为基点，以大学生的关切为出发点，结合新时代中国特色社会主义思想提炼凝结要点，通过专题讲授展现出理论的魅力和深度，体现出思想的科学性。

2. 设计"以理为骨、以情为肉"的教学内容

高校思政课理论性、政治性强，将所教所授内容转化为大学生的信仰确实不易。如果教师在授课内容上融理于情，情理结合，这样使得"深奥"理论更接地气，大学生易于理解和接收。这样设计的教学内容在进教材、进课堂、进头脑之时，既靠真理入脑、又靠真情入心。

3. 采用"理论教育＋党史教育＋思品教育＋时事教育"相结合的模式

高校本科思政课共计五门课程，每一门课程并非孤立存在，教学内容都是相互依存，相辅相成，彼此融于一体。这就要求教师在领会教材、分析教材、处理教材的基础上，将教学内容融会贯通，扎实开展理想信念教育和社会主义核心价值观教育，使思政课课程内容更加丰富和成熟。

4. 坚持理论和实践相结合

高校思政课教师在保持并提升课堂教学的学术层次基础上，可以将最新的学术成果引入课堂教学，将教师课题研究的成果转化为教学内容，使课堂教学保持较高的学术前沿性，体现现代教育思想的先进性、科学性和教育教学的实用性。

（三）灵活创新多样教学方法，实践运行上形成协同效应

高校思政课教学方法的灵活创新是一项难度很大，且没有固定模式可以套用的系统工程，要做好这一工作需要付出很大的努力，高校思政课教学方法的灵活创新策略需要统筹兼顾以下几点：

1.更新教学理念

教学方法创新首先需要更新教学理念，在正确的教学理念指导下来进行教学方法创新，从而确保教学方法的科学合理。

（1）教师需要对思政课程教学方法创新的重要性有一个全面客观地认识，投入较多的精力去思考如何进行教学的改进。教学方法的改进事关教学水平、教学质量的提升，思政课程教师要在对学科重要性有一个全面认识的基础之上，自觉地投入更多精力来探索教学方法的创新；

（2）需要树立以生为本的教学理念，这样教学方法的创新，才能够更好地照顾到学生，确保教学方法与学生的学习特点、学习规律更加契合，从而提升教学方法的实效性。思政课程教学的以人为本要求教师能够尊重学生的主体地位，尊重学生学习成长规律，同时针对学生的差异化特点来因材施教。在教学中要做到师生平等、教学相长，塑造良好的教学氛围来全面提升教学效果；

（3）高校思政课教学方法创新需要统筹兼顾理论学习以及素养提升，将塑造学生三观、提升学生思想道德素养作为重中之重，围绕这一重点来进行教学方法创新，切实提升教学效果。高校思政理论知识的学习与学生思想道德素养提升并不矛盾，二者有着内在的一致性，教学方法的创新需要尽量照顾到二者之间的协同性。

（4）高校思政课教学方法创新要做到灵活调整，不断地根据各方面的反馈意见来进行教学创新，教学方法创新要追求实效性，避免陷入为了创新而创新，追求教学方法形式新颖的误区之中。

2.教学方法多元化

高校思政课程教学方法需要尽量做到多元化，具体教学方法的种类除了传统的课堂讲授法之外，还需要囊括参观学习、分组辩论、观看影片、网络学习等方法，根据教学内容，选择合适的教学方法，从而提升教学效果。举例来说，高校思政课教学需要走出课堂、走出学校，走向社会、走向生活，将教学内容与生活实践相结合，到一些爱国主义教育基地接受教育，观看一些爱国主义教育影片，积极参与到一些社会活动中去，增强学生参与的积极性，这样才能够有效提升思

政课程教学效果。高校思政课程有较强实践性，教学多多与实践活动进行有机结合，提升教学实践活动生活性以及有效性。另外高校思政课教学方法的多元化，一定要充分利用好互联网，将互联网与教学进行全面的融合。网络可以让思想政治教育打破时空的限制，通过视频交流、观看微课等更加灵活的方式进行思想政治教育，这些教育方式互动性、趣味性更高，会让整个思想政治教育工作更加高效。举例来说，可以根据教学内容开发一些闯关类、寻宝类的知识竞赛小游戏，吸引学生在游戏中巩固所学知识，提升学生学习的积极性以及主动性，从而确保教学活动更加高效。事实上，随着互联网信息技术在教育领域的广泛应用，思政课程教学方法与互联网的充分融合已经是大势所趋，高校思政课程教师需要主动迎接这一趋势，充分利用互联网信息技术来创新教学方法，确保教学方法的更加丰富多彩以及高效。

3. 提升创新能力

高校思政课教学方法创新的关键在于在提升教师的创新能力，只有教师的创新能力得到不断提升，能够游刃有余地做好这一工作，才能实现这一课程教学方法的不断创新。在教师创新能力的提升方面，需要从两个方面着手，其一需要加强培训，针对教师教学方法创新能力方面存在的不足，定期组织召开专题培训，让教师能够多多了解教学方法创新的最新发展趋势，掌握一些新的知识以及理论，从而更好地具备进行教学方法创新所需的能力。为了提升培训效果，需要在培训之后对教师的学习情况进行考试评价，同时在培训方式上尽量做到更加新颖。其二需要加强教师教学方法创新方面的考核，通过考核给教师施加一定的压力，督促其加强自身的学习，不断去积累经验，从而具备良好的教学方法创新能力。教师绩效考核结果需要与奖惩挂钩，对部分思政课教师教学方法保守、落后、低效导致的绩效等级不理想的情况，需要给予一定的惩罚，例如优秀等级确定一票否决，绩效工资适度下调等，这样教师才会更加重视自身教学方法创新能力的提升。

（四）合情合理考核方式，制度推进上建立长效机制

考核方法的设计，遵循"学习效果"的原则，有效的考核方法坚持多维度评价方式，注重生成性的教学过程。考核方法的合理性有助于促进教学目标的完成，提高学生学习的主动性、积极性，解决大学生学习动机不强的困境。按照思政课教育本质的规律，对高校思政课大学生的考评考核要点有两点：考核青年大学生思想政治理论学习的情况，将理论知识学习评价作为手段；对青年大学生形成优秀思想道德品格的效果进行评估，将行为影响评价作为目标。

1. 合理设计考核评价指标体系

对评价体系进行全面评估，主要针对评价对象、评价方式、评价过程、评价标准、评价权重等方面进行科学而有效的设计，结合高校思政课的实际情况，确保考核评价指标体系保持良好的效果、信度，以便制定出更为精细和系统的评价指标。

2. 不断丰富考核评价方法

为了避免设计单一的评级和量化，可以综合青年大学生线上线下基本理论知识掌握情况、小组分享汇报效果、学生书面作业完成情况，参照课堂互动、设计调查报告、期末开放性论文等多种内容，分门别类设计评价标准；教师可以依据多种考核内容和标准，让青年大学生参与其中，师生共同制定课程评价比例，设计评价权重，延伸评价考核的链条，确保课程考核有效性；为了在考核方法中建立形成性评价体系，可以建立教师评价学生、学生自我评价、同伴相互评价的过程，综合采用结果评价、过程评价、动态评价三种评价方式，合理分配各项分值比例，确立课程评价体系和评价方法，建立课程评价的长效机制。如此便能充分及时反映青年大学生成长成才情况，反映课程中知识传授与价值引领的结合程度，以科学评价提升教师教和大学生学的双向效果。

五、红色文化融入思政教学实践的探索

（一）红色文化及其育人属性

红色文化是带有红色印记的文化资源，具体指党和群众在革命各阶段形成的宝贵文化，既有可以触摸的文化遗迹，也有内化后的精神品质，属于特殊的文化存在体。了解红色文化，可以了解中国共产党带领广大人民浴血奋战、艰苦奋斗的历程，感受到中华儿女为争取民族独立和国家富强所作出的努力。国内的红色资源根基深厚，对应的文化资源丰富多样，这些宝贵的红色文化理应成为思政理论与实践教育的鲜活素材。

地方红色资源的育人价值是天然的，其带来的政治教育是鲜活而生动的。对于高校学生来说，这份政治学习与体验记忆更深刻，教育启迪价值更高。红色文化形式多样，感染力强，在教育中可以做到与时代同行，其教育的价值具有永恒性。红色资源的特殊属性使得其可以融入思政理论与实践教育，并扮演重要角色。

（二）"红色文化"的主要特征

"红色文化"在高校教育教学改革中发挥重要作用，有助于优化人才培养的目标，实现学生的全面发展。"红色文化"作为中国共产党在革命、建设与改革中创造的实践产物，具有自身的主要特征和特性。

1. 民族性

"红色文化"具有独特而鲜明的思想价值。"红色文化"记录着中国共产党成立以来中国社会的发展历程，诠释了中国共产党勇往直前、不畏艰险的精神品格，表达着中国共产党对困境的无畏、对信念的坚守、对事业的无私奉献的思想内涵，蕴含着鲜明的政治立场、坚定的理想信念，是中国共产党伟大理想和卓越实践的集中体现，有着巨大的思想价值和鲜明的意识形态性，能够对高校大学生价值观的形成起到重要的引导作用，具有深刻的思想性。

"红色文化"蕴含着深厚的文化底蕴与历史精神价值，其呈现出的忠于党、忠于人民、坚持真理、一往无前等精神，与高校大学生思想政治教育的培养目标在内涵上具有一致性，能够为高校大学生提供正确的思想引导，其深刻的思想性发挥着价值引领的根本作用。值得注意的是，在中国共产党的不断发展壮大中，形成的一系列党史文献、马克思主义中国化的最新理论成果等"红色文化"更是极具思想性，体现了中国共产党人对社会主义建设规律的认识。发挥"红色文化"的思想性主要特征，更加有助于引导高校大学生坚持真理、坚定信念、坚守初心，能够进一步从理性、情感、感官等多方面增强高校大学生的爱国主义信念，坚定高校大学生的思想信仰。

2. 时代性

红色文化具有鲜活的时代性主要特征，红色文化是时代的产物，红色文化的孕育、形成、丰富和发展都始终与历史进程相一致，是在历史发展过程中逐步积累和形成的。因此红色文化体现着各自特殊的时代特征和时代价值。

3. 艺术性

艺术性是指一种在形式、结构、表现技巧的完美的程度，可以透过艺术作品反映生活，表达思想感情，展现艺术作品生命力。我们所接触度的"红色文化"最广泛的体裁是红色文学作品、红色戏剧电影、红色音乐作品等，因而"红色文化"具备文艺作品自身独有的艺术魅力与吸引力。举个例子，"红色文化"小说的代表《红岩》，其塑造的许云峰、江姐、齐晓轩等一大批革命知识分子的光辉形象，都是血肉丰满、感人至深的艺术典型，其视死如归、宁折不弯的崇高精神品质、高风亮节的牺牲精神以及为革命奋不顾身的坚强意志和大无畏精神，有助于升华高校大学生的精神品质。尤其是小说中的江姐就是著名革命女烈士江竹筠，有现实的原型，更能让高校大学生产生思想和情感上共鸣，切身领会中国共产党人革命的艰辛与不易，这种来源于真实生活的"红色文化"作品，能够让高校大学生更真切地了解历史，学习革命先烈的伟大精神。文学、影视、绘画等艺术作品含有深刻的时代印记，是"红色文化"文艺作品的代表形式，以其特有的艺术感染力让高校大学生在阅读、感悟的过程中，走进经典作品反映的那个特定时代，感受中国共产党人的崇高信仰和精神品质，增强高校大学生思想政治教育的艺术魅力。

"红色文化"内涵的其他形式，如党史文献、中国主要领导人的理论著作、红色场馆、红色遗址等，也都有自身独特的艺术性。举个例子，杨家岭革命旧址中毛泽东主席、朱德的窑洞的位置体现了二人在党内的核心地位，彰显出平面布局艺术所表达的纪念性和象征性。参观者通过观察红色革命遗址的建筑艺术风格，了解当时的组织结构与意识形态，进而从审美体验的角度体会其历史价值和文化内涵。"红色文化"以不同形式展现出的艺术性与其蕴含的深刻的思想内涵完美融合，使高校大学生既能提升艺术的审美感。

（三）红色文化融入高校思政教学的路径

1. 融入高校思想政治理论课教学环节

将红色文化融合进高校思政理论课业讲授环节，主要是针对每一门课程各自的教学目的等，考虑各学科的教学重点，再选择其与红色文化相关的资源融入课堂教学环节中。

（1）根据各门思政课程的教学目的来选择将红色文化融入的路径

高校开设的思政理论课主要有 5 门，依照各个课程的教学内容以及其目标，有所侧重地进行红色文化元素的融入。第一，为本专科大学生同时开设的"思想道德基础与法律修养"课程，其主要教学目的是为了提升高校学生的思想道德水平与法治素养，故在红色文化的融入方面，应该侧重于选取可以彰显出革命先辈高尚人格魅力的故事来进行讲述，从而感动听课学生，达到提高其整体素质的目的。第二，专为本科大学生开设的"中国近代史纲要"课程，其教学目的主要是通过近现代中国在革命、建设和改革的过程中的发展，推动学生了解近现代中国的国情和国史，恰好是红色文化教育资源可以融入更多的课程，因此可以借用这个机会重点突出中国革命的伟大历史意义，通过挖掘近现代中国共产党奋斗的细节故事，以及最终取得胜利的伟大成果，充分树立学生们对中华民族的自豪感。第三，为本科学生开设的"马克思主义基本原理概论"课程主要通过讲解马克思主义基本原理，来引导学生对马克思主义哲学、政治经济学和科学社会主义理论的学习，因此在红色文化融入的过程中，应该侧重于老一辈革命家在那个特殊的年代如何最终选择马克思主义的故事，从而彰显马克思主义理论独特的魅力和价值。第四，为本专科学生同时开设的"毛泽东思想和中国特色社会主义理论体系概论"课程的教学内容，主要是介绍马克思主义中国化所取得的理论成果，其课程的目的在于增强高校学生的"四个自信"，故在融入红色文化的过程中应注重于讲授新民主主义道路开辟的艰辛和不易，从而增强学生对坚持走中国特色社会主义道路的自信。第五，针对本专科学生每个学期都要开设的"形势与政策"课程，其主要目的是通过国内外重大热点问题的学习，帮助学生在掌握以往取得的理论成果的同时，对我国国情以及国际形势有更进一步的了解，指引他们学习党和国家的重大理论政治方针，使其踊跃参与改革开放及社会主义现代化建设的实践，因此在这门课程中融入红色文化时，应当着重于用时代特色来阐释革命年代青年学者的使命担当，从而以共情的方式提高当今高校学生对于国家政策方针的理解和对时事分析领悟的能力。

（2）根据红色文化类别有选择地融入思政课教学

一般来说，思想政治理论课的教学环节，主要开展的场所就是校园课堂。因此，在红色文化资源的选择时，可倾向于选择形式相对较为自由的精神文化资源，比如在课堂教学中，结合学校开展的纪念日活动，有针对性地进行精神文化的传播与引导。除此之外，也可以根据红色文化的发展，把革命文化、社会主义建设文化和改革开放文化有选择地融入课程教学中。例如，在"中国近代史纲要"课程中，可重点选择革命文化进行融入，或者在"毛泽东思想和中国特色社会主义理论体系概论"课程中，可重点选择社会主义建设文化和改革开放文化融入其中。

2. 融入高校思想政治理论课实践教学环节

思政课实践教学的目标是为了加深大学生对马克思主义的认识，增强思想政治教育的实效性。"红色文化"融入思政课实践教学要更加注重实践特性。同时，要注意区别实践教学环节与理论教学环节的差异，有效组织红色文化资源融入实践教学中，其主要的融入路径为以下三种：第一，实地探访参观类实践活动。可组织在校大学生参观一些红色物质文化，如战争遗址、伟人故居、烈士陵园等爱国主义教育基地，通过学生现场观摩的方式使其身临其境地感受红色文化，加深对红色文化的体悟。第二，表演展示类实践活动。可通过组织学生基于一些红色历史故事进行展示表演，引导学生对中国共产党选择马克思主义，中国人民选择中国共产党的历史过程进行情景再现，从而激发学生对红色故事和英雄人物的了解和维护。第三，访谈调研类实践活动。引导学生探访经历过革命时期、社会主义建设时期、改革开放时期的人物，通过学生自己的切身访谈，引导他们触摸时代发展脉络，了解每一个历史时期的人民选择。

可以通过组织学生到红色文化基地进行实地调研，亦可通过暑期社会实践和红色文化的结合来开展具体的红色实践活动，其最终的目的都是通过大学生亲身的参与来引导其树立正确的"三观"，在实践环节中提升大学生自身的综合素养，最终达成思政教育的目的。

第四节　高校思政课程教学改革与创新

一、"大思政课"视角下高校思政课教学改革

（一）"大思政课"视角下高校思政课教学改革的核心

"大思政课"是基于全局视角培育大学生科学运用马克思主义理论方法、树立社会主义核心价值观，在坚持马克思主义政治立场的基础上明确学习方向及未来发展目标。不同的社会历史时期所反映的社会现实是不同的，"大思政课"的核心要义是结合密切相关的、能够产生预期效果的、鲜活的时政素材，把立德树人的教学宗旨和教育计划融会贯通，发挥其教书育人的作用。思政课教师要主动改变以往一成不变的教育形式与内容，通过把鲜活的时政素材和理论相融合，能够在如今高速发展的时代，为高校提供一条清晰的改革之路：告别过时老旧案例，多方面彰显"大思政课"视角下教学改革的必要性；融入鲜活素材，讲好"大思政课"，实现教学改革就是从提高思政课教学素材的质量出发，用变革教学素材的办法推进教学内容的改革，改进教学素材配置过时的状态，扩大课堂之上的有效供给；提高大学生课堂抬头率、注听率及知识吸收率，以便更好地实现思政课的育人功能。

（二）高校"大思政课"改革的基本思路

1. 鲜活素材的分类及整合

"大思政课"是基于全局视角培育大学生科学运用马克思主义理论方法、树

立社会主义核心价值观，在坚持马克思主义政治立场的基础上明确学习方向及未来发展目标。不同的社会历史时期所反映的社会现实是不同的，"大思政课"的核心要义是结合密切相关的、能够产生预期效果的、鲜活的时政素材，把立德树人的教学宗旨和教育计划融会贯通，发挥其教书育人的作用。思政课教师要主动改变以往一成不变的教育形式与内容，通过把鲜活的时政素材和理论相融合，能够在如今高速发展的时代，为高校提供一条清晰的改革之路：告别过时老旧案例，多方面彰显"大思政课"视角下教学改革的必要性；融入鲜活素材，讲好"大思政课"，实现教学改革就是从提高思政课教学素材的质量出发，用变革教学素材的办法推进教学内容的改革，改进教学素材配置过时的状态，扩大课堂之上的有效供给；提高大学生课堂抬头率、注听率及知识吸收率，以便更好地实现思政课的育人功能。

2. 做敏锐获取鲜活素材的志愿者

（1）要做有心人，留意身边的人和事

在日常生活中多看多想，细心地观察生活和感悟生活，扩展视野。一个人的生活经历总是有限的，要从网络、电视、报纸等传播媒介中多看多收集。只要是对提高课程的有效性有帮助的，对大学生的能力培养起到固本培元作用的，能够成为阐释抽象理论载体的，都应该实行"保存没商量"，这也符合认识论中的"及时地占有第一手材料"的观点。

（2）集思广益、群策群力强化学科建设

各高校马克思主义学院的思政课教师应当齐心协力，提高责任心与使命感，充实理论水平与实践能力，共商共建完善鲜活素材库。并且把握时代脉搏，常换常新，以实现资源共建共享服务的最优化，促进思政载体联动，促进教育目标的实现。

3. 提炼鲜活的材料

把对材料的感性认识上升到理性认识。陶行知先生曾告诫广大学子，"我们要活的书，不要死的书；要真的书，不要假的书；要动的书，不要静的书；要用的书，不要读的书。总起来说，我们要以生活为中心的教学做指导，不要以文字为中心的教科书"[①]。这就要求选择的素材必须是活的、真的，是以生活为中心的教学指导用书。获得了鲜活的素材，便应当立足于实用、好用的目标，经过一番精选与加工，"去粗取精、去伪存真、由此及彼、由表及里"，将鲜活资源整理为适合思政课教学的优质资源，并保存在素材库中备用。待授课之际，按逻辑关系

---

① 陶行知. 陶行知教育箴言[M]. 哈尔滨：哈尔滨出版社，2011：10.

将材料整合于其中，根据已有知识进行研析、规划、统合。可以把其中的部分文字、视频片段、数据表格、图片等截取出来，插入自己的教案、讲稿与习题中，采取拿来主义为我所用。预先进行素材的收集整理，随机应变的进行素材筛选，并结合平时安排的配套实践教学等方式进行深入探讨，找准鲜活素材融入课堂内容的关键点；根据新时代的发展变化和我国发展进步的时代主题，及时更新知识体系，反映新时代思政课教育导向的要求；以课程目标为主体靶向，合理利用鲜活素材以提升大学生综合分析问题、解决问题的能力。

4. 全面提升思政课教师的综合素质

（1）要优化教师素质，提升使命感与责任感。思政课教师必须坚持以大学生为中心，关注当代大学生思想观念的变革，及时为学生答疑解惑，与学生产生情感共鸣。

（2）教师要提高理论水平。思政课教师要把理论讲透彻，把是非辨清楚，用情怀凝聚人心。将思政教育的显性、隐性内容资源进行合理有效的整合，将鲜活素材融入"大思政课"之中。

（3）要提高思政课教师的实践能力，如使用媒介的能力、驾驭课堂的能力、归纳与总结的能力。每一位思政课教师，都应该将学习充电作为自己终生坚持的习惯。例如，学习使用雨课堂方便在课堂上实现交流互动；学习建立思政课微信公众号实现与大学生课后的便捷沟通；学习网络在线直播授课技巧，方便在特殊时期保证授课课时；学习利用修图软件。博学强识、精学精练、钻研苦干是新时代高校思政课教师应具备的职业素养。

二、"互联网+"视域下高校思政教学的改革创新

（一）"互联网+"为高校思政教学带来的机遇

"互联网+"相关技术的出现，为思政课教学创新提供重要渠道，如可以开展线上教学、线上线下混合式教学、虚拟实践教学，实现教学方法的创新；利用"互联网+"，使教学考核形式由人工考核变成在线考核，提升了教学考核效率；"互联网+"能够实时进行教学评测，有利于思政课教师改进教学，改善师生关系，增强思政课的亲和力等。其消极影响主要是信息碎片化、多元价值观挑战、对学习积极性受侵蚀等。部分教师将主要精力投入如何提高思政课教学的实效性，让"互联网+"变成单纯的实践性话题，忽视了虚拟现实、区块链、云计算等新技术给"互联网+"带来的新变革和影响。思政课教师要加强"互联网+"背景下的

思想政治教育理论研究；在教学层面，要挖掘互联网中蕴藏的对思政课教学有利的教学资源，利用"互联网＋"便利的教学工具，探寻有效的实践教学措施，提升实践教学实效，让思政课能真正作用于学生，帮助学生树立正确的世界观、价值观和人生观。

（二）"互联网＋"提升高校思政教学的必然性

高校思政课教师必须善于利用"互联网＋"，树立"互联网＋"思维，掌握"互联网＋"规律和"互联网＋"教育方法。"互联网＋"的思维是指在互联网、大数据、云计算与私有云、虚拟现实、区块链等科技手段的支持下，运用"互联网＋"的技术和方法进行思考。"互联网＋"规律是指互联网具有联系广泛性、开放性、交互性等特征，互联网上的信息能够以超常的速度和规模快速传播。当前"互联网＋"和教育技术的融合，已经深刻改变教育的形式，以翻转课堂理念为核心的慕课教学和线上线下混合式教学模式逐渐成熟，这为思政课教学和"互联网＋"的融合提供了可能，对高校提升思政课教学实效性具有重要意义。

当前互联网作为互联工具，已经将高校、学生和社会融为一体。学生既能通过"互联网＋"观察世界，也容易受到网络舆论和多元价值观的影响，而形成错误的"三观"。这就要求高校开展"互联网＋"思想政治教育，深入互联网、贴近学生、贴近生活，将教育内容渗透在学生生活中，使其自觉内化为自身的思想观念。新的互联网技术的发展，也为思政课教学提供新的教育形式。如虚拟现实技术可以开展虚拟实践、虚拟教学和虚拟讨论，虚拟现实技术的模拟让思想政治教学更加生动和直观。私有云技术的出现为精准化、个性化思想政治教学提供便利。高校思政课教学要充分重视"互联网＋"，在开放性、多元化、去中心的互联网世界坚持定力、善于借力、发挥合力，把握好"变"和"不变"，做到守正创新，筑牢学生的思想家园。

（三）"互联网＋"视域下高校思政教学创新的基本原则

（1）坚持方向。对于高校来说，"互联网＋"时代下的思政教学模式创新，必然要将思政教学与互联网联系起来，充分利用互联网在信息传递、信息获取等方面的优势，为新模式下的思政教学工作提供支持，以实现思政课程教学效果的提升。需要注意的是，在互联网融入高校思政教育的同时，各种网络信息很容易对学生、教师乃至思政教学工作产生错误导向，使思政教学出现内容、发展方向上的偏差。要想实现对思政教学模式的有效创新，首先必须遵循"坚持方向"这一基本原则，始终坚持"与社会发展要求相一致"的正确方向不动摇，使思政教学模式的创新发展方向能够明确下来，并与各项大政方针保持一致，为教学改革、创新工作提供重要指导。

（2）以人为本。受互联网环境的影响，当代大学生的个体差异开始变大，如果高校未能意识到这一变化，那么无论采取怎样的思政教学改革措施，都很难满足学生的个人发展需求及学习需求。在教学模式创新中，高校同样需遵循以人为本的基本原则，通过与学生的深入交流，全面了解每一位学生的思想观念、兴趣爱好、学习需求，及其在学习过程中遇到的困难，同时按照因材施教的方式，针对不同类型学生的实际情况，尽快将能够适应不同类型学生主体需求的全新思政教学模式构建起来，提高高校思政教学的针对性、有效性。

（3）与时俱进。互联网的高度普及使各行业知识、技能的更新速度得到了极大提升，即便是在思政教育领域，各种教学方法、教育信息技术、教育理念也会随着教育事业的不断发展而不断更新。高校在对思政教学模式的创新中，必须遵循"与时俱进"的基本原则，采取教学改革策略，结合思政教育教学理念、方法、技术手段，对思政教学模式进行不断调整，使其能够始终保持在最为合适的状态，为思政教学工作提供最大的帮助。另外，与时俱进原则还意味着思政教学模式创新应充分考虑到大学生不断发展的特性，根据不同阶段、不同时代环境下大学生群体的特征，对思政教学模式展开创新，以期培养出更多符合时代发展需求的高素质人才。

（四）"互联网+"视域下高校思政教学创新的基本思路

1. 提高思想政治理论课教师的理论功底

只有教师的思想政治理论功底扎实，才能把思想政治教育内容讲透彻。高校思政课的主要内容是马克思主义基本原理和中国特色社会主义理论。马克思主义原理较为抽象，难以理解。中国特色社会主义理论内容丰富，不仅包括马克思主义理论在中国的具体实践，还包括中国共产党人理论创新的成果，是中国人民智慧的结晶。中国特色社会主义理论具有与时俱进的品质，这对思政课教师是重大的挑战。只有加强对马克思主义理论的学习，才能跟上理论创新的步伐，增强对相关理论的理解，才能回答好学生对社会发展比较关心的问题。高校思政课教师要不断加强理论方面的学习，例如经常学习和研究马克思主义经典原著，加强对"学习强国"的学习，深入开展思想政治教育理论研究。

2. 创新课程教学方法

在"互联网+"时代，高校对于思政教学模式的创新，首先还需从常规的思政课程教学出发，充分利用互联网在信息获取、信息传递等方面的优势，对教学方法展开全面创新，提升思政课程的教学效果，为思政教学模式的创新提供支持。同时，教师还可以在确定大致教学方案后，在网络上搜集各种社会热点信息及形式多样化的教学资源，筛选有价值的教学资源融入思政课程教学内容，以保证思政课程教学内容的丰富性，激发学生的学习兴趣。而在思政课程教学时间相对有限的情况下，教师则可以依托网络平台搜集适合学生的学习资源，制作微课视频、导学案，等形式的学习资源下发给学生，鼓励学生利用这些学习资源进行课前预习。

3. 完善线上教学体系

在传统思政教育模式下，高校思政课程之所以会出现教学时间不足的问题，主要还是由于课时安排相对较少，教学效率普遍偏低。而在进入"互联网+"时代后，高校完全可以发挥线上教育的优势，尽快将完善的思政课程线上教学体系构建起来，同时通过线上、线下教学相结合，灵活开展思政课程教学工作，以突破时间、空间对于思政教学的限制，进而实现思政课程教学效率的提升。为提高思政教学质量，高校可邀请思政教育领域的优秀教师、知名学者加入学校思政教师队伍，通过网络直播授课，同时借助弹幕与学生进行积极互动，随机回答学生提出的问题。为了降低教师的工作负担，使其能够将更多的时间、精力投入教学准备及教研工作，高校可以积极开发或引入学习平台，同时鼓励教师借助学习平台进行课后作业布置、阶段性测验，由平台自动完成作业批改、学生试卷批改、成绩统计分析等机械性工作。

4. 构建网络育人平台

面对思想观念多元化的当代大学生，单纯依靠课堂教学往往很难取得理想的思政教学效果，即便能够将线上教学与线下教学结合起来，也无法从根本上改变这一教学现状，提高学生对思政教育内容的认同度。面对这一情况，高校还可以依托校园网及微博、微信公众号等新媒体，将面向学生的网络育人平台构建起来，利用官方账号在各平台上发布一些学生感兴趣的校园资讯、时事新闻、学生生活动态，或是引导学生围绕各种热点话题展开讨论，同时将思政教育内容融入其中，以潜移默化对学生思想观念施加影响，使其能够逐渐对思政教育内容产生认同感，为思政教学的有效展开创造条件。

5. 鼓励师生互动交流

作为面向学生思想层面的教育教学活动，思政教学，通常需要以良好的师生关系作为基础支撑。在高校思政教学模式创新中，学校还需依托校园网、微信公众号等平台，为教师创造与学生直接、平等对话的渠道，同时鼓励学生以匿名的方式向教师提出各种各样的问题，或是围绕校园热点话题与教师展开讨论，并安排思政课教师定期回答问题，参与话题讨论活动。

6. 创新思想政治理论课教学内容

思政课教学不仅是知识教学，更是人的教育，要关怀人的心理，解决人的困惑。传统思政课教学主要是讲解抽象的马克思主义理论，部分学生对世界观、价值观和人生观的理解与学生的实践认识有时候并不同步，其较难运用课堂学到的马克思主义和社会主义核心价值观解决自己在学习和成长中遇到的问题，导致其心理脆弱、自律性不强，经受不住挫折和磨难。所以要将思政课教学教到学生心里，帮助其解决各种困惑，才能够引发其情感共鸣。因此，高校思政课教学要创新教学内容，构建知识教育和人的教育两个体系，知识教育重在考核，人的教育重在引导。思政课教师要提高教育教学能力，积极掌握"互联网+"背景下的思想政治话语空间，构建网络思想防护墙，用具有鲜明中国特色的新时代马克思主义话语体系进行思想引领；用中华民族优秀传统文化、中国共产党领导革命的红色文化，以及先进的社会主义文化进行文化引领；思政课教学要和学生的生活相结合，通过走进生活和走向生活，吸收生活素材，避免思想政治理论教育的虚化，要让学生养成从思想政治教育中寻求智慧、寻求方法、寻求解决心理困惑的良好习惯。

7. 创新思想政治理论课实践教学

思政课的实践教学不同于专业课程的技能实践，要熟悉思想形成的基础，学生要通过各种实践，加深对中国国情的感知和理解。当前，部分高校并没有为思政课安排实践课时，实践教学存在一定难度。高校要将线下实践和线上实践相结合，在线上实践方面可以通过观看互联网上的纪录片、新闻报道等，进行在线调研、讨论等，并撰写实践报告；还可引导学生参观线上博物馆、纪念馆等，获得"亲近感"和"沉浸感"。在线下实践方面，高校要建立大思政实践教学体系，创新实践教学机制和形式。大思政实践教学体系要求思政课教师、学生工作部门、辅导员、党委组织部、团委、专业课教师等都作为实践教学的主体，开展相应实践教育。

8. 完善思想政治理论课教学评价

完善的教学评价体系能有效提升思政课教学质量。教学评价分为两个方面：一是对学生学习效果进行教学考核。二是对教师的教学进行评价，以帮助教师改进教学。在"互联网+"背景下，教学评价的方式越来越多元化、多样化，高校要构建立体化的思政课教学评价体系。在教学考核方面，严格期末考试考核，强化平时考勤、增加回答问题环节以督促学生自主学习。"互联网+"技术有助于学生扩大视野，增加知识面，但需要学生合理使用。教师应当创新教学考核问题，增加问题思辨性，引导学生进行深度思考。如要求学生进行网络调查，总结党在改善民生方面的重要措施、经验和启示。在教学考核方面，还可以采用项目式考核，引导学生合作和相互讨论。在教师教学评价方面，可以利用超星学习通、问卷调查进行教学测评，帮助教师及时发现教学不足，进行教学改进。

三、基于新媒体环境下高校思政教学改革创新

（一）新媒体环境对高校思政教学的发展要义

1. 拓宽高校思想政治教育阵地

随着，新媒体技术日益成熟，线上教育如雨后春笋。微课、MOOC 等教学模式的出现，为推进教学改革提供了新途径，改变了以往只能在课堂上进行思想政治教育的传统教学模式。在课堂之外，教师能够运用微信等社交软件与学生进行有效的交流，这种方式既可以帮助老师及时获得学生对课堂教学情况的反馈信息，适时地更改教学策略，还可以给学生推送时事热点，与学生开展课外研讨会议，进行线上思政课题的交流与深刻探讨。新媒体技术在满足当代学生学习需求的同时，为高校思政课程改革指明了发展方向。

2. 提升高校思政课程的育人功能

自我国进行改革开放以来，在获得经济效益的同时，国外的一些价值观念也对我国的大学生产生了不小的冲击，随着社会的不断发展，西方思潮对我国学生的负面影响就愈加明显。党的十八大以来，中国特色社会主义进入新的发展时代，国民生活的方方面面都发生了很大的改变，这些改变也对我国大学生的思想观念产生了一系列的影响。大学生是社会发展的新生力量，其思想政治教育是高校工作的重中之重。面对新时代，当前的思政课程教学还存在短板，教学中学生的主体地位没有被突出、教师亲和力差、教学内容针对性不强等都是存在的问题。为了提升高校思政课程的育人功能，需要探索更加符合新时代大学生特点的教学理

念和教学方式，以学生更加容易接受的方式进行授课，从而更好地发挥思政课程的作用。

3. 增强高校思想政治理论课程的感染力

新媒体是集视频、音频、图片为一体的现代技术，利用新媒体技术发展的推动力，在思政课程教学设计中加入该技术的应用，教师可以为学生呈现图文并茂的理论知识、活跃轻快的课堂氛围，引起学生对思想政治理论知识的学习兴趣。同时，为了更好地实现教学目标，加强学生对复杂理论知识的学习，必须要增强课堂感染力，提高教学效率，提高教学质量。

（二）基于新媒体环境高校思政教学改革的具体路径

1. 拓展新媒体时代高校思想政治教学的阵地

在新媒体技术普遍流行的当代，高校思政教学要学会借助新媒体技术，顺应时势，大力开发高校思政教学的领域。摆脱教学僵化的问题，首先，高校可以运用新媒体技术，建立多元化的思想政治教育应用平台，并且，选择经验丰富、技术熟练、知识专业的人员做后期的平台维护与管理工作，也可以利用网站和APP开展线上远程授课、时事热点评论、教学成果展示等教育模块。当然，为了收集师生对APP或网站的建议，建议箱必不可少。其次，高校可以利用新媒体技术在微博、知乎等线上平台开展高校思想政治教育活动，从而拓展新媒体时代高校思想政治教学的阵地。开展线上思想政治教育活动不仅增添了课堂的时效性与吸引力，教师还可以了解学生对时事热评的相关看法，在众多反馈信息中及时发现他们思想中存在的问题，可以及时纠正，并加以适当的引导。新阵地的开拓将大大提升教师的教学效果。

2. 改变传统教学模式，适应新媒体时代要求

面对新形势，高校应该积极更新思政课程教学模式，使之更加适应新媒体时代的发展要求，能够真正为处于融时代的当代大学生解决思想上的困惑，提供方向上的指导。首先，积极利用多媒体设备，丰富教学内容和教学方式，提升思政课堂的趣味性。比如，教师在备课过程中可以充分利用网络资源，结合目前的教材内容以及学生的发展特点，通过有效补充实现课程教学的与时俱进。同时，在课堂上充分突出学生的主体地位，注重学生对教师课堂教学的评价，针对学生的需求改进自身教学方式和教学内容；其次，加强教师队伍建设，提升高校思政教师的自身素养。当然，这首先对教师本身提出了更高的要求，需要教师树立终身学习的理念，积极学习目前的信息技术知识，提升其现代设备的使用能力，同时

教师需要提升其信息筛选能力，能够将理论同实践更好地相结合，以增强自身课堂教学的灵活性。然后，学校已经相关的教育部门应该为高校思政教师提供更多的学习机会，定期组织相关的讲座或者论坛，为教师学习提供经费支持等。最后，可以通过听课等方式加强对教师的监督，使听课结果同教师的绩效考核等挂钩，形成固定的评价机制，促进教师提升自身教学质量和教学水平。

4. 加强对高校网络监管，提高思政教育过程的规范性

加强对高校网络监管，提高思想政治教育过程的规范性。网络监管是民主的重要体现，集中反映了人民对纯净网络生态的迫切呼唤。高校网络监管既是推动国家治理体系和治理能力现代化的题中应有之义，也是开展好大学生思想政治教育的不可或缺的关键一环。学校要规范思想政治教学全过程，真正做到教学环境公开透明；相关部门要加强立法，规范高校网络使用；教师要引导学生遵守高校网络监管制度，正确使用网络新媒体；有关单位要实施网络信息监察责任制，落实谁主管、谁主办的属地责任制，同时还要建立畅通的意见反馈渠道，及时回应社会关切，提高新媒体信息监管实效。

5. 提升新媒体时代思政教学的主体媒介素养

在高校思政教学改革中，要坚持以提高教学质量，加强学生素质教育为首要目标。在思政教学中既要明确教师的主导地位，又要明确学生的主体性。利用新媒体技术占领思政课堂教学的高地，实现教学模式的变革与发展。但这个目标的实现需要提升教师的主体媒介素养，这需要高校定时地开展教师信息素养培训活动以增强教师的新媒体技术应用能力和信息化教学的意识。从而打造一支现代化高水平的教学工作者队伍。其次，高校和思政教师也要着力提升大学生的主体媒介素养，开展线上影视作品征集，主题媒体作品展示等活动引导大学生明辨新媒体信息中真伪，从而科学地引导学生在接受和传播网络信息时做到科研判断、不盲从。提升主题媒介素养，加强师生的信息化意识，以高效实现高校信息化教学的目标。

6. 强化信息化教学培训，提升教师新媒体应用能力

高校思政教师要抓住新媒体发展的机遇，在教学活动中，教师要善于探索，积极地开展教师科研活动，明确如何利用信息技术和新媒体媒介实现思政教学深入浅出的目的，同时，要分析清楚新媒体在高校思政课程教学中的实质。并以思政课堂的教学设计为创意载体，多元化教学课堂活动，提高课堂教学的质量，在思政课程教学改革中锐意进取。身为高校思政课程教师，要善于抓住学生的心理，利用新媒体技术将学生的关注力吸引到课程教学中。每堂课都要有记录和反思，

方便与其他思政课教师进行分享和交流。信息化教学变革之路需要优秀的思政课程师资队伍来探索。思政课教学辅助系统——"学习通"APP是课改的重要媒介。为实现课改目标，高校应积极开展教师新媒体技术培训活动，从而提升教师的专业授课技能，丰富思政课程教育教学活动，进而加深思政教师对于信息化教学的理解，便于其在课堂中更好地开展教学活动。通过定期开展信息技术培训活动，增强思政教师信息化能力，掌握将新媒体应用到思政课程中的实践能力，以帮助教师实现高效课堂的目的。同时，教师信息技术素养的全面提升既可以优化思想政治课程教学结构，还能强化高校思政课程教学体系。思政课教师具备信息化教学手段是时代发展的必然要求，是推动高校思想政治教育工作稳步发展的保障。高校思政课程要抓代发展机遇，将新的教学理念与高效的教学方法相结合，稳步推进课改工作，经过一系列的课程改革，在加强教师信息素养的同时，也加深了学生对思政课程内容的了解。

7. 积极开展实践教学，解决实际问题

正所谓"问渠那得清如水，为有源头活水来"，在高校思政教学中，实践是不可或缺的教学内容。如今，我们生活在新媒体时代，高校思政教师可以利用的新技术和新手段也更加多样化，因而应该将新旧媒体结合在一起，在思政课程教学中增加相应的实践环节。比如，可以根据教材内容开展情境式教学。我们思政教学内容大都是同日常生活相关的，只不过一直以理论形式出现，所以学生才会出现距离自己很远的错觉。教师可以让学生通过角色扮演等方式利用课堂学习过的理论来分析社会生活中的真实案例，在过程中引导学生分析案例发生的原因，并且由学生自己提出解决方案，这样可以实现学以致用。通过这样的教学方式，不仅学生的学习兴趣可以得到增强，更重要的是学生能够充分认识到思政课堂的实用性，能够在实践中提升自身思想觉悟。同时，教师需要考虑到新媒体时代学生获得信息的便利性，应该在课堂上给予学生引导，帮助学生规避不良信息的影响。

8. 注重多媒体融合，提升课程信息化教学水平

高校思政课教师在教学过程中要学会应用新媒体技术，从而给课程教学带来新元素和新活力，教师对新媒体技术的应用既增添课堂趣味性又提升了课程的信息化水平。在课程教学中，教师要在思政课教学活动中适当的引入课堂辅助教学平台，充分利用平台的优势组织开展线上线下的教学活动，从而弥补线下课堂教学中存在的疏漏与不足。将新媒体教学手段作为课堂教学的辅助以优化教学模式；利用信息化教学平台，来丰富思政课教学形式。信息化教学水平是高校办学水平

的重要考评项，所以，高校要积极制定合理方案，以新媒体技术为手段，提升高校思政课信息化水平是至关重要的。信息技术是时代发展的产物，随着科学技术的进步，信息技术正在逐步趋于成熟，并衍生出更多的形式。与此同时，越来越多的教师把信息技术运用到实践教学中，这不仅改变思想政治课程教学中原本存在的局限性，还对学习方法、教育本质、创新型人才的培养以及在教育上的普及起到了一定的推动作用。加入了信息技术的思政课堂，既增添了科技性与创新性，又能调动学生的学习积极性。将信息技术运用到思政课的教学模式改革中，有助于教学模式的多元化。在进行整合时要格外注意整合后的效果如何，避免与最初制定的目标背道而驰。以"新媒体时代下思政课程建设与职业生涯规划"为中心，站在思政的角度深度探究思政建设在教育过程中对人起到了哪方面的促进作用。要认真学习国家颁布有关思政的政策，对思政课的知识点和工作内容进行重点分析来体现思政课程在育人方面的积极作用。同时，教师要以身作则，为学生树立积极向上的人设，影响学生一起带动身边的人。各个高校应该着眼于解决现阶段思政教育遇到的问题，比如身份、配备、职称、成长、待遇，并把思政课程建设放在高校的首要位置，做好新媒体技术与思政课程整合工作。

第六章　成人思政教育模式的建设与创新

本章针对成人思政教育模式的建设与创新展开论述，围绕四个方面进行阐释，依次为成人教育思政教育体系综述、成人教育思政教育的价值和意义、成人教育思政教育的专业建设、成人教育思政教育的实践创新。

第一节　成人教育思政教育体系综述

一、成人思想政治教育体系构建依据

（一）成人思想政治教育体系构建理论依据

为构建成人思想政治教育体系，针对其进行理论依据的分析，以此基础上对教育体系的构建做出研究，其理论依据主要分为以下三个部分：马克思理论依据、社会构建主义理论，马克思理论依据将人类定义为群居动物，设定人类以团体进行生活，因此，在教育体系的基础上，满足了马克思理论的思想。马克思的思想理论并不是将整个人类作为一个共同体完成同一目标，其针对不同类别的共同体进行特征划分，形成具有一致性的目标，但保持其个体特征的真正共同体。因此，在进行成人思想政治教育体系的构建时，应基于马克思理论的特征，将个人价值与整体目标联合起来，形成一个教育体系，在其中，每个成员应保持其自身的个性特征，以满足集体目标为前提，从而起到对成人思想政治教育的有效性。社会构建主义理论认为，人们对于知识的接受不是被动的，而是通过学习过程主动地去接受知识，将教育内容形成自我理解，理解后转化为自我的一个特有的知识体系，而当产生形成自己知识体系的过程中需要与其他人进行交流，进行知识传授的过程中需要有一定的社会结构，因此基于社会构建主义理论而建立成人思想政治教育体系需要满足社会条件，并且需要成员主动去学习，获取思想政治知识。

(二)成人思想政治教育体系构建的现实依据

基于理论依据,针对成人思想政治教育体系的现实依据进行分析,主要以社会现代化课堂发展需要与思想政治课程改革两方面进行阐述。社会现代化课堂发展需要主要是利用现代化设备的发展,将思想教育的内容变得丰富有趣,从而可以引导学生进行学习,传统的课堂模式过于单一,以教师讲授为主,与学生之间的互动较少,而随着思想教育课堂现代化的发展,课堂自身具有需求性,不断地发展使其形成一个全新的教学模式,防止整个教学过程僵化,将教师与学生形成一个体系,因此可以将传统课堂进行改革,满足现代化发展的需求,以社会现代化课堂发展的需要作为成人思想政治教育体系构建的现实依据。思想政治课程的改革也是构建成人思想政治教育体系的现实依据,对于思想政治的讲授是帮助社会培养正确价值观人才的重要的必经途径之一,因此对于思想政治课程不断地进行改革,在对其进行讲授思想政治课程时,应该结合已经改革的内容,组成思想政治教育体系。每个个体应该注重其在思想政治教育过程中的地位以及构成层次,在教学过程中根据其改革的内容不断地创新教学方式,通过不断的实践使整个改革过程变得更加有效全面,因此在构建成人思想政治教育体系时,应迎合思想政治课程改革的理论依据。

二、成人教育思政教育体系的基本内涵

成人教育体系中的思想政治工作,指的是成人教育院校以一定道德规范、政治观点以及思想观念,面向成人教育受教者进行有目的、有组织以及有计划地积极影响,逐渐使其养成当代社会发展所需的政治思想与重构品行的社会性实践活动。深入理解与认知成人教育体系的思想政治工作基本内涵,可从下述几个维度来把握。

(一)性质维度而言

成人教育中的思想政治工作具备十分鲜明且深刻的意识形态性特点,旨在解决学生群体在思想政治意识层面存在的问题。在社会主义环境下,思政工作即以马克思主义政治立场、方法与观点对学生加以教育和引导,使其树立坚定的社会主义理想信念与共产主义理念,这亦是现如今我国建设社会主义现代化得以有序进行的基本思想保障。

（二）内容维度

成人教育中的思政工作包含诸多内容，如政治教育、三观教育、心理教育、道德教育以及自我教育等基本内容，且这些内容之间具有互相促进、互相联系以及互相影响的关系。同时，在内容体系中，政治教育占据主导地位，道德教育为核心基础，三观教育属于关键内容，而自我教育和心理教育则隶属拓展内容，思政教师可基于成人院校学生基本特征，充分把握这些教育内容间的关系，切实加强思政工作实效性。

（三）功能维度

成人教育中的思政工作关键功能在于提升学生群体思政素养，推动学生群体实现全面、综合发展，促进社会进步。

三、成人思想政治教育体系构建条件

（一）优秀师资团队建设

构建成人思想政治教育体系除了需要考虑上述的理论与现实依据外，还应该具有相应的构建条件，其中需设有优秀教师团队力量，从而在体系中贡献中坚力量。优秀师资团队的教师更加专业化，教师的教学技能更加成熟，能够在教学过程中，了解学生的学习心理，加强两者之间的沟通。教师的专业化发展是针对其自身能力提升的一个强制化要求，可以影响到整个职业生涯，因此在工作中应该时刻针对改革的思想政治教育课程不断地学习与钻研，从而提升自身的专业能力。在提升自我专业能力的同时，需要各个教师之间不断地相互协助，在构建成人思想政治教育体系之前，可以将各个教师之间构成教师体系，以此提高彼此的专业能力，相互交流其教学经验，以避免个人的发展产生局限性，团队集体发展可以促进其对整个教学方式与体系的改革，形成迎合现代化发展设备的教学模式。对现代化设备的使用也是教师专业能力提升的一项重要检测环节，融入新型设备的使用避免教学方法过于单一。对于思想政治教育课程的教学主要依附于社会的发展，依次进行不断的改革与创新，形成新内容的思政政治教育的课程标准，教师需实时更新手中的教材内容，通过实时新闻丰富自己的专业知识。教师需要进行自我反省，通过不断地改正与思考，形成反省型的教师以此提高师资团队力量。

（二）个性化教学环境

构建成人思想政治教育体系的必要条件之一为具有教学个性化的环境，确保有与之对应的环境才能够保障体系的构建与形成。传统的教学环境在进行教学的过程中，是为"一对多"，即一个教师对多个学生，这样的教学环境很难针对每个学生进行个性化教学，不能够将每一个学生的性格特点记录下来，做不到根据其个性进行单独教学，因此使学习效果减弱。教学个性化的环境是指在教学过程中"多对一"，即多个教师面对一个学生，能够加强学生个性化的发展，也方便对不同教师不同教学方法与学生相适应的情况进行研究探讨。构建成人思想政治教育体系与学生体系之间是具有区别的，其中成人相比于学生更具有自制力，成人能够主动约束自己，形成一个主动积极学习的共同体。但与此同时，成人的思想方式相对于学生来说过于成熟化，已经形成一套固有的思想体系，而且其对自身的影响已经根深蒂固，因此在构建成人思想政治教育体系时，更需要结合教学个性化的环境，确保每个成人都能够保留其原有的思考体系。

四、成人思想政治教育体系构建方法

（一）设定个体价值诉求目标

构建成人思想政治教育体系的方法首先为设定个体价值诉求目标，从教师与成人两个方面进行分析，确保双方具有其个体的价值诉求目标。在教师进行教学的过程中，其自身已经成为成人思想政治教育体系的一部分，教师自身的个人价值诉求目标也应在体系中体现出来，教师应该在教育体系中找到自己的定位，确定自己处在共同体中的教学者的地位，因此发挥出自身的价值，教师的个体价值诉求目标应为自身不同的教学风格与教学思想，开创出属于自己的教学体系，实现其个体自身价值目标，激发出自身的教学积极性。教育体系的另一部分构成为成人学生，其在体系中为最主要的组成部分，主要为其自身已经树立的价值观、人生观等观念价值做出更改，促使其树立正确的三观观念。虽然在教育体系中，大家是一个整体，但是在构建的同时应该考虑到每个个体的价值诉求目标，确保大家具有一致的学习方向，通过这个方向能够实现其自身的个体价值诉求目标，促进其进行三维化的多方面发展教育。

（二）优化教育教学过程

对于成人思想政治教育体系的构建，在设定好个体价值诉求目标后，需要对教育教学的过程进行优化，为促进教学进展，在教学开始前应对教学的方式进行设计，在设计教案的过程中，需要对其收集到的资料以及讲解的内容做充分的了解，能够将一个知识点扩展成全面性的问题，以点概括面，加强点与点之间的联系，最终形成一个连续性较强的教学方式，确保其教学的全面性与适应性，通过不同的教师，针对其自身的教案不同，构建不同的教学方式，引导成人在学习的过程中明确自己的目标，实现其自身的价值。在教育教学过程中最重要的一点在于教师传授的方法，可以通过网络教学的模式，配合教师的讲解与教案讲义等辅助工具。二者相结合形成良性的教育教学模式，在教学过程中应加强学生与学生、学生与老师之间的互动，及时进行沟通交流能够保证其整个学习的方向是一致的，具有整体性，符合构建成人思想政治教育体系的理论依据。由专家与教师不断地引导学生进行思考，判断其树立的观念是否有所变化，增强其自身的学习能力，以此实现自我学习。

（三）开设协作平台实现教育体系构建

经过设定个体价值诉求目标与优化教育教学过程两个环节，最终构建成人思想政治教育体系的方法为开设协作平台从而实现体系的构建。开设协作平台主要为教师与成人之间的沟通更加方便快捷，在学习过程中可以随时进行沟通，了解彼此的诉求，有利于提高思想政治课程的教学，从而使两者形成一个统一的整体，在协作平台上针对不同的学科进行开设其专有的学习讨论通道，以教学课程的课时为单位，每完成一课时可以对本课时已经讲解的教学内容进行讨论，可以促使成人与教师之间的沟通与交流，针对下一课时的讲解内容可以及时进行修改与创新。

（四）新时代价值观引领成人思政教育

新时期的发展要求建立学习型社会，建立完善的教育体系。我国成人院校作为教育体系的重要补充，是助力实现继续教育、终身学习的主要途径之一。近年来，我国成人教育发展迅速，招生人数大幅增加，导致成人院校的教育任务愈加繁重，尤其在针对学生的思想政治教育方面尤为凸显。成人院校学生已经建立了固有的思想认识，在价值观、世界观等方面都存在较大差异，因此成人院校的思想政治教育难度大，复杂程度高。在新的时期，根据现有主流思想价值体系作为引领，探索用社会主义核心价值体系武装的思想政治教育策略，有助于改善现状，提升教育水平，更有助于成人院校学生综合素质的提高。用社会主义核心价值观武装思想,通过长时间的文化学习,增长见识,建立起正确的观念,坚定信心,有目标、有动力地不断提升自我能力,与时代共进,为祖国建设贡献力量。

第二节 成人教育思政教育的价值和意义

一、成人教育学生思政教育的特征

(一)成人教育学生的素质和心理特征

1. 从社会的角度来分析

在成人教育的学生中,因为每个人的社会经历和年龄有较大差异,来自于社会的各个阶层,有固定职业和无固定职业,有年龄偏大和年龄偏小的,这就导致成人教育的学生每个人的学习能力和接受能力是不同的,同样,在思想上对待问题的看法和解决问题的能力也是不统一的。

2. 从学习和工作的角度来分析

在成人教育的学生中,他们都已经是走出校园,有过一定的社会经验的人,他们在工作和生活中都是处于较大的生活压力和思想压力,每天能够抽出时间来学习是很奢侈的事情,很多学生往往是家庭事业并重,即便是相对于年龄较小的学生也是承担着来自生活的一定压力,他们没有过多的时间来用知识补充自己,往往在高校上课时迟到早退,这种情况在成人教育课堂上的比重较大。

3. 从学生教授教育的心理角度来分析

更多的成人学生来进行教育学习更多的目的是本着毕业证和学位证来的,希望拿到比现在更高的文凭,在以后找工作或升职加薪中增加筹码,这是一种被动式的教育,成人教育学生对文化知识的认同是选择式的,他们对高校的思想政治教育没有很强烈的学习欲望和认同感,认为这是无用的课程,成人学生认为交钱学习的目的就是来享受学校所带来的服务,是授课和文凭,学校对成人学生的思想政治教育没有必要,也没有责任去学习和理解,这在思想上是不等同于统招大学生的。

(二)成人教育学生的价值取向特征

成人学生的思想构成是多方面的,最大的影响因素就是环境的改变,在大环境下,不同的意识和文化通过多元化的途径走入日常大众的生活中,在接受新鲜事物的基础上，成人学生的各种价值观念和取向有着巨大影响，因此，成人学生的思想和道德呈现多元化和复杂化的现象，也就是说成人学生成分的复杂性导致了他们在人生价值观上的不同，绝大多数的学生思想上是正面积极的，他们仍然信仰社会主义核心价值观，对社会无私奉献，助人为乐。但是还是有一部分成人学生在人生观上有扭曲的趋势和现象，在思想政治上存在不成熟的一面。总体上，我国成人学生的思想政治状态和观念趋于稳定，但是稳定的背后仍然是成人院校思想政治教师不可放松警惕的时间节点，稳定性与多变性是互相补充交错的，思想的跳动可能带来一系列复杂的问题，突出表现的是成人学生拥护党和人民的信念是否动摇，对国家政治问题是否立场坚定等，这些都是成人教育院校思想政治教师应该重点关注的问题，成人学生虽然是成人，不同于普通学生，但是对其思想政治教育的关心不容忽略，成人学生的思想政治观念的塑造性仍然很强。

二、成人教育思政教育的价值和意义

在一个人的成长过程中，在经历过磨炼，有过社会经历的过程中能够掌握正确的政治方向，形成良好的道德品格，掌握自主学习的方法，健全人生性格等具有相当重要的作用，如果一个成年人不具备完善的道德品格和正确的政治方向，那么他的人生就会偏离航线，在以后的工作和生活中会遇到很多阻碍，知识水平也无法进步和提高，成人学生的思想政治教育提倡的是集体主义，不是西方的个人崇拜和英雄主义，我们的核心价值观是以爱国主义和社会主义为伟大情怀的主义，是将基本的素质涵养发扬光大的道德模范和传统文化，只有做好成人教育思政教育，才能为人才的培养和积累打下坚实的基础。

（一）思政教育是成人教育高质量发展的重要保障

由于成人学生大多已经经过社会的洗礼，加之所生长的环境不同，导致在年龄，身份，文化的基础上大相径庭，在巨大差异面前，成人学生对待生活的观念也是不同的，一方面受现实生活的影响，成人学生对待金钱利益，人才培养和创新意识上较强，另一方面，成人学生对职业道德和社会责任感普遍偏弱，面对灯红酒绿的社会环境，成人学生对拜金主义思想比传统大学生要严重，个人崇拜主义偏强，这也是成人大学生成分复杂的重要原因，固化的思想难以让成人学生静下心来学习，接受成人教育的培养，以上种种迹象表明，做好成人学生的思想政治教育工作尤为重要，同样，这也给成人教育思想政治工作带来了前所未有的挑战。从外部环境来看，成人教育的规模随着我国经济水平的突飞猛进而逐年增长，大部分的成年学生都比较偏重于专业教育而忽视思想政治教育，这就更加需要符合成人学生人才培养的高质量成人思想政治教育体系的发展，为成人教育的高质量发展提供重要保障。

（二）思政教育是成人教育人才培养体系的重要内容

我国成人教育招考途径门槛宽松，且尊重公民对于知识获取的权利，虽然学生的成分相对复杂，但是近几年，成人院校不断扩招，随之而来的是成人院校的入学门槛却越来越低，宽松的同时带来着经济效应，因此，成人学生的素质参差不齐是一种常态，但是越是常态的事物就越要发现不能让人忽视的地方。一个是成人学生政治态度和重大政治立场上带来的问题，成人学生大体上观念和思想能够跟着新时代的社会主义核心价值观一致，另一个是成人学生在世界观和价值观上大多数都正面积极健康，在自我的人生定位中都比较准确，在理想信念上坚持党的领导，拥护党和人民，大力提倡奉献精神，爱岗敬业，诚信友善，成人学生的独立性较强，在行为上有着独特见解的一面，在个性发展上能够充分地展现自我，在人格形成上相对于成熟和完善。在培养人才之时，如果只是注重专业技能和专业知识的培养，不能够达到良好的育人成效，还需要帮助成人学生树立正确的世界观、人生观、价值观，这样才能体现教育的完整性。所以思想政治教育在成人教育人才培养体系中占据非常重要的位置。

第三节 成人教育思政教育的专业建设

一、成人教育中思政教育教学的发展现状

（一）成人教育思政课教育教学现状分析

成人思想政治教育工作是高校思想政治工作的重要组成部分，成人学校该怎样做好成人学生的思想政治教育是一个值得探讨的问题，成人院校思想政治教育部门应该积极谋划在成人教育的大环境下将成人学生的政治思想意识不断完善，使成人学生有正确的自我意识、树立正确的人生观、价值观、世界观等，将成人教育的思想政治工作摆在成人教育的首位，也是思想政治教师应该着手研究的重大课题。成人学生的思想政治工作不是一件容易的事，它是教会学生做人的工作，思想政治工作是能够充分调动成人学生的内在积极性的，思想政治教育要在求新，

求实，求真的教学理念上进行授课，思政教师要研发出适合成人学生特点的课程，课程的设置要适应新形势下社会主流思想观的特点，因材施教，努力提高成人学生的思想道德涵养，引导鼓励成人学生完善思想道德的美好品质。

（二）成人教育思政教育专业教学现存的问题

1. 教育教学思想滞后

我党在带领中国人民进行社会主义革命与建设的征程中的一个伟大创举就是将教育工作、政治工作、思想工作有机地结合了起来，形成了——思想政治教育工作的新概念。但是长久以来，成人院校偏离了最初的高校思想政治教育工作的初衷，在对学生授课的过程中强调了政治色彩和法律意识，并将思想政治教育与法制教育、政治教育混淆，没有体现出道德教育的重要性。

2. 教学内容陈旧、脱离实际

无论哪一种事物都具有内容和形式，内容和形式是相辅相成、有机结合的，内容是事物存在的基础，而形式则是内容及事物的其他要素统一起来的外在表现方式。无论哪一种形式都是依附于内容，不能脱离了内容而单独存在。从当前形势来看，我国成人院校思想政治教育教学内容上太过于强调政治法律教育、内容比较单一、几乎不涉及实践问题，更不能根据现代成人学生的思想和价值观特点进行改良，所以导致成人院校的学生从心理上对思想政治教育教学不重视、不理解也不认同思想政治教育的内涵，从而成人院校也不能通过思想政治教育教学来纠正学生思想的目的。

3. 教学效果考核标准低

成人院校开放式教育的大多数学习者都是在职者，来源于各行各业，文化水平、年龄差异以及接受能力都存在很大的差异。选择开放教育的初衷往往是想在学历上再上一阶，对工作及职务、职级和职称能有所帮助。无论这些学员出于什么目的，在学习的过程中都难免出现应付感。成人院校由于学制短，学习时间紧迫，在教学任务的分配上造成思政课课时少。对于思政课的考核标准不高，大多数的成人院校都采用开卷考试的形式，学生很难结合当下的时事热点来掌握思政教育理论及运用能力。往往成人院校的学生认为所学的专业课程关乎着日后发展方向，从而导致他们在思想上忽略了素质教育，这些都会导致学生不重视思政课的现象。

4. 教学过程不受重视

由于开放的教学模式决定了它无法像传统课堂那样，虽然也有"面对面"的教学讲授，但缺少师生之间的互动，更达不到讨论氛围热烈的交流程度。因而目前的思政课就是对师生的双向考验。开放教育的学员大多是有一定工作经验、社会阅历丰富的在职者，并不能像在校生一样全身心地投入在学习上，利用碎片化时间和一心多用是普遍现象，常常是还没能及时理解所学内容就匆匆错过了教学反馈的最佳时期，其学习效果也就可想而知了，大多数的教学变成了一个过场。

二、成人教育推进思政教育专业化建设的理论

（一）转变传统教育观念

面对新形势下的新情况，学校应该审时度势，根据现代社会的发展需要不断转变传统成人教育学生的思想政治教育工作，要不断与时俱进，在课程的创新上不断下功夫，主动作为，积极摸索成人学生的思想动态，把握好本质规律，在课程的创设上要赋予创造性，提高实效性，在课堂中不断优化形式，吸引成人学生主动学习，乐于学习，以达到课堂教学的目的。成人院校思政部门要提高对思想政治工作地位和思想上的认识，不要认为成人学生的思想政治教育就是简单的知识传递，从而产生一种对成人学生思政教育的模糊概念，认为专业知识要比思政重要，这种不负责任的态度就是影响成人思政教育的罪魁祸首，因此，要积极消灭任何影响成人思政教育的偏见和轻视，这是做好成人思政教育的前提和保证，学校的主要部门领导要把政治教育作为教育教学的第一位，任何学科的重要性都不可以与之比拟，要树立思想政治成人教育与普通传统教育相一致原则，不搞特殊，不搞歧视。要建立相关规章制度，明确成人学校思想政治教育在学校教学中的主体地位。

（二）不断加强制度建设

成人思想政治教育是一项特殊的教育，同时也是所有课程中最为重要的一门课程，要想做好成人教育的思想政治教育工作，就要从课程的设立到规划，课堂的讲解到教学计划，预设效果和所达期望入手。思想政治教育工作应该有一整套的规范流程，不能因为人的灵活性强就导致思想政治教育课没有约束力，根据成人思政教育的相关特点，如果没有制度的约束，那么成人的思想课程的标准制定会很差，不会达到教学目标，成人的思想政治教育也无法实现教育效果，因此，思想政治教育工作必须要有规范化的制度建设来加以支撑，配合严格的政治纪律，

空洞的，没有内在联系的成人思想政治教育课程是无用的，是在浪费教育资源。只有将课堂和制度相结合起来，才能做到双剑合璧，循章办事。根据不同层次，不同经历的成人学生的实际情况分类教学，因材施教，采用不同的方法，目的就是为了有明显的教学效果，让每个成人学生都能安心地学习，只有制度的保障才是最安全，最靠谱的，主动接受学校的管理，成人学生的思想政治教育课才会顺利地进行。

（三）注重思政教师与成人学生的交流方式

成人学生的心理状况和思想形成的发展规律是成人院校思想政治教育部门必须了解和抓好的重要问题，因为每个学生都是独立的个体，他们对身边不同的事物有着不同的感知和认可，在观点上也是大不相同，认识事物的情感上也是五花八门，因此，成人教育思想政治教师要有准确把握每个成人学生心理特点的能力，对问题的产生和由来有一个系统的认知，在充分分析问题的基础上采取有效的针对措施来进行解答，在授课形式上要注意方式方法，注重效率，减少形式，有的放矢，掌握每名成人学生的思想状况的同时也要关注他们的日常生活习惯，因为在日常的生活中，有很多潜在的因素是影响成人学生思政的罪魁祸首，思政教师要多和成人学生进行交流，在交流的方式上避免程序化和说教化，严禁在交流中用僵硬的学术话语和大话空话来教说成人学生，因为成人学生有一定的社会阅历，思政教师在与成人学生交流不坦诚，会大大降低成人学生对思想教师的信任，从而影响思政课的教学质量。

（四）在学科中不断渗透加固思想政治教育

在实际的成人思想政治课的教育中，思政教师可以针对每个学生的特点分类施策，开发不同的课程相互补充，把思政课的教学穿插到各科的专业课当中，在实际课堂上的效果来看，专业课和思政课相互渗透和相互补充能够极大程度上提高成人学生对两者课程的接受水平和对知识的掌握程度，在两门学科的相互渗透中，将枯燥的政治融入灵活的专业课中，更加贴近生活，善于感悟，教师结合专业课程内容对学生进行思想政治教育是可融合的课程创新，这样不仅能让学生激活思政学习热情，也能让学生在课堂上学到专业知识。

三、成人教育推进思政教育专业化建设的措施

（一）开展多元化有针对性的思政教育活动

1. 开拓思政教育新渠道

坚持把思想政治建设放在首位，教育引导教职工、学生补足精神之"钙"，筑牢思想之"魂"。要把好意识形态领域这一重要关口、守住育人阵地，给学生心灵埋下真善美的种子，引导学生扣好人生第一粒扣子。充分利用开学典礼、毕业典礼、面授辅导、教学观摩、实习实训等契机，组织师生参加线上、线下主题思政课。建立思政工作责任制度，实施校领导讲思政课常态化机制，如在通过开学典礼结合新理念、新思想、新要求给学生上好"开学第一课"，教育引导广大师生在学习中淬火提升，在教育中固本培元，筑牢信仰之基、补足精神之钙、把稳思想之舵。

2. 发挥班级临时党支部积极作用

充分发挥党组织和党员的"红色引擎"作用，以班级为单位，积极探索"党建+"模式，成立班级临时党支部，实现学生"自我管理、自我服务、自我提高"。以班级临时党支部为抓手，推进思政实践教学活动引向深入，开展线上主题班会和思政教育专题学习。通过组织丰富多彩的活动，增强班集体的荣誉感与责任感，加强对学生的党性教育，培养学生团结协作的精神。

3. 开展具有本地特色的思政实践活动

开展富有本地特色的实践活动。面向全校所有学生的思想政治理论课的实践活动需立足于当地，尽可能多地与相关单位共建实践基地，开展富有本地特色的实践活动。让学生在活动中感受浓浓的爱国情怀、了解开放教育的教学形式，对美好的大学生活有更深刻地了解和更高的期待。

4. 积极开展线上思政主题实践活动

积极组织学生参加"我身边的故事"征文活动、"讲抗疫故事、做奋进青年"视频观看活动、"禁毒宣传月""党风廉政教育月"等主题的线上思政实践活动。利用腾讯会议、钉钉等多媒体工具，全面开展思政理论课线上教学。积极运用微课、微信、抖音等"微方式"开展思政教育。使思政课程学习不受时间、场地所限。

（二）加强思政课教师队伍专业建设

1. 加强师德师风建设

选优配强思政课教师队伍。在选拔思政教师时要把政治标准摆在首要位置，

加强师德师风建设，按照政治强、情怀深、思维新、视野广、自律严、人格正的要求配齐建强思政课教师队伍。同时还要落实思政课教师课时费上浮比例，把思政课教师作为学校干部队伍重要来源。

2. 通过开展各级各类培训，抓好专兼职班主任队伍建设

包括提升班主任业务能力、工作责任心、服务意识，加强班主任日常监督，强化班主任考核及培训效果，抓好执纪监督等内容。结合班主任管理工作的实际，针对管理服务提升方面存在的问题和薄弱环节，积极探索，逐步实现班主任管理服务信息化系统的开发及应用的设想。

（1）提供成人教育教师培训课程，以帮助成人教育教师提升能力。开设教育教学方面相关课程，及时向成人教育教师传递最新的教学方式，帮助成人教育教师在转变教学方式的基础上提高教学效率。

（2）开展专业训练。充分利用各种资源，通过校地、校企、校所产学研究协同合作，为成人教育教师提供更多的实训渠道，提高成人教育教师的实践经验和科学技术水平。

（3）提升成人教育教师管理水平。成人教育教师需要关注成人教育学员自身特点，在计划、组织和协调过程中做到恰如其分，充分发挥成人教育学员的特点，平等地与学生进行沟通交流，建立朋友式的新型民主师生关系，以推动成人教育事业的发展。

3. 大力实施思政课教师后备人才培养专项计划

确定培养对象，制定并实施年度培训计划。每周开展 2 至 3 次培训，包括思政理论学习、教育教学能力提升、计算机操作技能、心理辅导、律法辅导、书法培训等内容，储备一支紧跟时代发展的新型思政课教师队伍。落实学校党政管理干部中应有思政课教师、班主任工作经历的工作要求。大力选树思政课教师、班主任年度影响力人物等先进典型，开展思政课教学名师和团队培养工程，培养一批思政课中青年骨干教师，积极组织参与国家开放大学思政课教学改革创新案例征集活动。

4. 为思政课教师全面提升、提供经费

支持学校设立专项经费，大力支持思政课教师参加学历继续教育，考取各类职业技能证书、行业资格证书，并予以报销相关费用，促进教师教育教学能力、管理服务能力、教科研水平全面提升。

(三)加大思政课教科研专业工作力度

1. 专业教学团队促教科研水平提升

以学科专业为单位成立教学团队，定期组织教学研讨和经验交流，为思政课教师"手拉手"备课提供良好的平台。推动建立思政课教师与其他学科专业教师交流机制，由思政教学团队牵头，大力开展高质量的教学研究和思政专项课题研究活动，定期进行思政课教学成果展示。

2. 发挥优势提升教科研信息化水平

在实际教学过程中，引领思政课教师整体教学水平提升。逐步建立一批优质的思政课网络教学资源。将思政课题研究作为重点工作来抓，落实教师每年至少申报1个课题、发表1篇论文的工作要求，促进教科研工作常态化、制度化。

3. 团队合作机制实现全方位育人

制定专业教学团队合作机制，通过多次召开专项教研会，逐步将本专业的学生思想政治教育管理、专业教学、实习实训、招生就业等融于一体，更好地发挥育人功能，铸造专业特色和实力，提高人才培养质量。

第四节 成人教育思政教育的实践创新

一、成人教育中思政教育的现状

(一)缺乏指导文件，重视度不足

截至目前，我国对成人院校的思想政治教育工作缺乏相应的指导性文件，成人院校对此项工作的重视度不足。部分成人院校教育经费水平等相对较差，并且由于一些现实原因，成人院校对于学生的管束不严，在思政教育方面更是敷衍。成人学生普遍的生活阅历要比普通学生丰富，对于他们的思政教育工作不应再停留在表面，甚至与普通高校学生采取同样的模式，这样极容易导致思政教育工作难以落实，不能对学生产生深刻的影响。

(二)理论教学，缺乏实践性

成人院校学生的社会适应能力、生活经验等相对较强，由于长期形成的观念影响对于思想政治理论的理解差距较大，因此，对于成人院校大学生的授课形式

不应再局限于理论,应当在授课中创新形式,增加社会热点讨论,思政实践等丰富的内容以吸引学生,贴近学生的思想,不然僵化的教学形式难以在学生心中留下印象,教学效果差。

(三)生源质量差距大,制约思政教育工作

我国普通高校的扩招使得成人院校的生源质量呈现出两极分化的形式,部分学生知识储备量大,学习热情足,希望通过学习提升专业素养,通过参与各种活动结识朋友,锻炼能力,他们往往能通过思政课获得更高的思想道德素养;但部分学生仅仅是为了混个文凭,没有更高的目标,对学校组织的各项活动缺乏兴趣,消极应对思想政治教育课程,他们的这种思想严重影响了成人院校思政教育工作的发展,因此用社会主义核心价值体系武装头脑是必不可少的。

二、提升成人思政教育效果的创新策略

我国成人教育体系的重要组成之一就是成人高等教育,通过这种教育模式实现全民学习、终身学习。因此以更高的思想政治教育标准来约束成人院校学生是十分必要的。社会主义核心价值体系作为我国主流思想引领体系,有助于帮助成人院校学生树立高度的思想认同,增强辨别能力,在复杂的环境中保持自我、以坚定的决心、信心应对工作。

(一)深度解读,强化思想引领

用社会主义核心价值体系指导成人院校思想政治教育是符合时代发展要求的,在成人院校的思想政治教育课程中发挥社会主义核心价值体系的指导作用,深度解读核心价值体系,不断挖掘其时代价值,传扬传统文化,赋予传统文化新的内涵,增强核心价值观的生命力,以核心价值观来约束自己,规范行为,让学生易于接受理解。

例如,我国传统文化中存在很多忠君爱国的故事,尽管在现在看来不少行为是过时的,但是不可否认其中的爱国思想是应当一直传承的。用现代的核心价值观对这些故事进行重新解读,挖掘其中的家国情怀、责任担当,吸收其精华的部分,既能为传统文化赋予新的时代内涵,又可以丰富深化核心价值体系,增强其生命力;以解读出来的思想精神为指导,完善成人院校学生行为规范,帮助学生从日常生活中自觉规范行为,养成良好习惯。通过深度解读,将抽象的哲学观念转化为易于理解的时代精神,促进学生的思想政治学习,以极强的时代张力对学

生的优秀品格培养起到积极作用。

（二）网络平台化教学，拓展教育阵地

1. 网络平台化教学的必要性

我国网络发展迅速，信息时代的来临为思想政治教育模式的革新带来了新的机会，各大成人院校应当把握机会，建设网络学习平台，利用丰富的网络学习资源为思想政治教育助力，思政教师要熟练掌握网络利用方式，创设优秀的在线课程，链接其他高校在线教育资源，引导学生利用碎片化的时间完成网络学习，随时随地学习，提高思政课的灵活性，促进成人学生道德品质的提高，增强社会适应力。例如，现今社会手机的利用率极高，尤其是在学生群体中。因此成人院校开展的思想政治教育课程可以不单单局限于线下形式，可以利用微信、QQ、微博、钉钉等多种平台软件进行思想政治教育课程，如党课、团课等，这种形式的优势就在于即时学习，突破时间距离的限制。成人院校教师可以利用网络平台开办网络专题讲座，邀请一些优秀的时事评论家等，对当下的热点问题进行解读，从中发掘知识，学生还可以结合自身的知识储备、理解与主讲人进行交流，拓展自己的思维广度，通过这种形式吸引学生学习，积极思考，提高思想政治水平，提升道德高度，可以促使学生关注时事，增强对时事的解读能力。教师还可以通过网络分享优秀课程，拓展学习资源，以丰富的学习内容增加知识广度，实现随时随地学习，时时刻刻进步。

2. 合理利用网络平台化进行思政教育的方式

（1）构建和谐的成人教育校园文化环境，加强学生信息筛选能力

学校作为文化传承主阵地，亦是学生接触、了解多元文化的主要渠道。校园文化有着特殊的教育作用，基于广义维度来说，校园文化建设具体涵盖两个层面：

首先，借助校外文化资源比如聘请社会文化名人来校创办讲座、组织学生参观纪念馆等。

其次，校内文化环境建设，包括舆论风气以及校容校貌建设等。基于理论维度来说，校园文化是社会文化体系的分支，我国先进性文化是成人教育校园文化环境建设的主要支撑。在成人院校思政工作中，校园文化环境构建有着诸多功能，具体表现在下述几个层面：

①导向功能。校园文化作为优秀传统文化及创新改革的新时代精神的充分融合，可将师生思想真正统一到成人院校发展及人才培养这一目标中，引导思政工作朝着正确方向持续发展。

②凝聚功能。校园文化涵盖制度文化、物质文化以及精神文化三个方面，借助三个方面的文化环境构建，可有效凝聚师生理想信念以及价值观念，强化其向心力与凝聚力。

③激励功能。教育工作者的模范示范作用、社会典型性人物事迹以及成人学生先进人物事迹等均可对成人院校学生带来积极影响，且对培育其社会责任意识以及集体荣誉感有着激励作用。所以，发掘校园文化环境构建这一内在育人环境，基于思政工作，构建契合学生特征、呈现出时代特点的校园文化环境，对提升成人院校思政工作实效性有着积极作用。

（2）构建完善制度环境以实现正确引导，促进学生坚定理想信仰

成人教育院校学生群体思想既受到学校规章制度制约，也会受到国家层面教育政策及方针的影响。构建合理与科学的制度体制环境，能够引导师生群体生成与成人教育思政工作目标相统一的行为习惯及思维模式，进而提升成人教育中思政工作的实效性。此外，制度环境亦是思政工作的核心价值资源。所以，政府相关部门在拟定相关制度、方针及政策过程中，应注意把政策导向与思想导向融合，通过构建完善制度环境有效解决当前成人院校学生群体思想问题与行为问题，帮助其明确积极价值取向，促进学生坚定理想信仰。

（3）强化思政工作的信息技术资源建设，丰富信息化教育新资源

一方面，健全校园内部无线网络覆盖。现阶段，成人院校校园手机上网模式主要依靠 4G、5G 网络以及小范围无线网络覆盖等。多数学生均利用手机通信运营商所供给的网络套餐，通过流量消耗实现手机连接互联网。虽然手机软件系统与硬件设备等条件支撑并不会被时间、空间等因素的限制，但手机上网则会受到信号覆盖等外在条件限制。在手机上网环境较差的条件下，便会发生手机上网受阻问题。成人院校若想借助手机网络平台实施思政工作，就必须强化信息技术相关资源建设力度，延伸以校园为核心的无线网络覆盖范畴，让大学生在校期间能够利用学校所提供的网络信息服务实现手机上网，这不但可缓解学生们流量消耗过多而导致的经济压力问题，而且还可强化学生们对于成人院校硬件设施的认同程度。另一方面，提高多媒体设备设施投入力度。信息技术对成人院校思政工作的顺利进行具有一定支撑作用，学校需要引进先进的媒体平台与技术手段及时更新学校硬件设施。所以，学校必须适当针对信息技术设备增加经费投入，为学生学习以及教师思政工作开展提供设备支撑，促进成人教育思政工作信息化发展。

(三)发挥课堂、班级主体地位，细致化思想教育

1. 提高课堂参与度

成人院校的学生与普通高校的学生最大的不同就是他们大部分已经形成了自己的世界观，同时已经有一定的社会经验和社会阅历，拥有自己的本职工作。这种情况下，教师可以在教授国家时政、社会热点问题的时候采取设置问题让同学自己来答的方式，让学生说说自己的观点和看法；老师在听取学生回答的同时可以因势利导、对错误的思想和观点梳理后，利用历史唯物主义和辩证唯物主义的方法开导学生去分析解决问题。这样的课堂方式可以让学生感受到轻松有趣、形式多样、又严肃有序的课堂气氛，同时还能体现学生的主体地位，以理服人、以德服人，使学生得到认同、学习更有动力，心理得到满足。让学生感受到从之前的"我讲你听"的"填鸭式教学"向"有意思"的教学内容的转变，思想政治课再不是"假大空"的代名词，而是通过思想政治课堂获得大大的满足感，做到润物细无声的教化。

2. 增强班级凝聚力

成人院校的思想政治教育不能仅依靠任课教师授课的方式，还应当以班级为主体，在班级管理中纳入思想政治教育。班级是在成人院校中较为合适的群体范围，这个范围内的学生在学习能力、知识储备等方面还是具有较大的相似性的，因此可以在每周的主题团课、班课班会中加入核心价值观的内容，培养学生的爱国情感，凝聚班级向心力。

例如，在众多班级中基本每周都会举办一次主题团课，班委会成员和团支书可以创新一下团课形式，不再是简单的理论学习，可以以核心价值观为指导，举办"中国梦""我爱我的国"等主题的团课，可以讨论的模式，分析近期的时事热点，让同学们在讨论中领会爱国情感，坚定价值取向；可以采取故事分享的形式，呼吁同学们主动分享自己听到的、看到的正能量故事，在听故事中讨论故事主人公的行为，感受主人公的思想轨迹，从而汲取自己需要学习的精神；又或者可以在主题团课中共唱红歌，感受其蕴含的蓬勃力量。总之形式有很多，以班级管理为重要阵营，将对成人大学生的思想政治教育产生有利的影响，成人院校应当规范班级管理制度，将在班级中发挥核心价值体系的作用纳入管理，推动核心价值观在班级管理中的传播，提升思想政治教育的效果。

(四)创设活动引领，增强实践性

成人院校的思想政治教育工作要通过学校和学生两方面的共同努力，学校为

学生提供学习的舞台，学生也应当自觉进行思政的学习。要想社会主义核心价值体系真正进入校园，进入学生的生活习惯中，发挥起指导作用，需要结合丰富的活动形式，在主题鲜明的活动中感受核心价值体系散发的魅力，以其为引领，从而自发地践行核心价值体系，做有道德、有思想、有政治观念的新时代青年。成人院校在每学期都会举办很多的主题活动，有些是学校组织的，有些是学生自发组织的，这些活动富有趣味性，极易吸引学生的参与热情，所以在这些参与度高的活动中以核心价值体系为引领，让其成为思想政治教育的一个阵地是非常有意义的。

例如，每年的各种节假日都是学生组织举办活动的高峰期，因此，充分利用这些节假日所蕴含的意义开展主题鲜明、形式多样的活动，传播正能量。学生在五四青年节、端午节、中秋节、国庆节等节日，举办符合相应节日的活动，形式可以为辩论赛、征文比赛、红歌赛、演讲等。通过这些丰富的活动形式，吸引学生参与，挖掘传统节日中的主流价值体系，感受其中的家国情怀，增强思想认同，践行价值体系。还可以依托学校的文化节等具有特色的活动，将社会主义核心价值观融入其中，以其品牌优势服务于思想政治教育，形成全校合力共建思想政治教育阵地的局面。

（五）榜样学习，突出示范作用

众所周知，榜样的突出示范作用是极其强大的，新时期，更需要发挥这种榜样作用，榜样的树立要贴近学生，要能够让学生在生活学习中产生共鸣，所以最好在树立榜样时，选取一些优秀学生或校友，这样可以更贴近学生，通过榜样事迹，学习他们的行事理念，激励学生提高道德修养。成人院校方面要不断发掘新的榜样形象，把优良学风、优秀品质、良好的行为传承，积极发扬正能量，树立正面形象。可以让一些大学生党员、学生干部等发挥其示范作用，带动同学参与志愿服务，在敬老活动、爱心助教等活动中，体验民情、了解国情，树立起勇于担当、服务社会的能力。

三、成人教育思政教育中的创新实践

（一）"3+2"网络教学模式在成人思政教育中的实践

1."3+2"网络教学模式的内容

网络课程是基于互联网平台进行的远程课程。"3+2"网络教学是基于网络学习，通过教学实践活动从而学习和领悟，最后在课堂上以报告、感想等形式呈现出来，整个教学过程将思想政治教育教学内容形成了由"单一"向"双向"的翻转模式，从而达到丰富网络教学资源以及提升学生自主学习能力的目的。

2. "3+2"网络教学模式的实施策略

（1）优化思政课网络教学课程的设计

随着网络资源的不断发展和更新，以及考虑成人教育中成人学生的特点，运用新的网络平台，改革教育教学方式和模式，延伸教育教学活动的时间和空间，结合思想政治理论课程特点，提高思政课的教育教学效果，扩大思政课的影响力，树立中国特色社会主义的道路自信、理论自信、制度自信和文化自信。在此环境下，我们探究出了在成人院校思想政治教育课中构建"3+2"网络教学模式——3维度、2方向的教学模式。我们将"网络、课堂、实践"三个维度进行结合，改变学生的学习习惯，变被动为主动，将接受性学习向探究式学习进行翻转。将教学过程变为师生之间平等的对话，从而使教师和学生都得到了多方面的提升。同时我们依据多元智能的理论、生本教育理论，旨在发展学生多种智能，在远程教学中，同样力求培养学生语言表达、逻辑思维、想象创造、人际交往、自我反思等能力，全面提高学生的综合素质，为学生的终生发展奠定坚实的基础。

（2）创建思政教学的实践基地

因为思想政治教育不仅是理解理论知识，更要让受教育者做到真正的接受和认可，所以成人院校的思想政治教育要注重学生的社会实践活动。在这个过程中就要从理论向实践转化。实践活动是学生通过社会实践和文化活动等途径，使学生对理论教学所传授的基础知识，做进一步的理解、深化，帮助他们树立正确的世界观、人生观、价值观，树立正确分析问题、解决问题的能力。结合当地历史传统文化，将新生的开学第一课与思政课有机地结合，安排学生"走出去"，到现场去深入感受思政课的价值内涵。比如，吉林市历史文化悠久，是人类在东北较早栖息和开发的重要地区之一。思政课"走出去"，让学员在现场感受历史的沉淀，感受思政课的价值。从教学实践中提取具有代表性的典型事例，使用情境式教学，为学生创设问题，在情境中将知识与实践相结合，引导学生通过对真实案例的分析和讨论，增强学生在思政课的获得感。通过课堂的延伸，使学生在参观红色革命教育基地的实践活动中，不仅能激发学生对家乡的热爱，对历史文化的了解，同时还增强了他们对民族精神和历史文化的认同感。在参加了一系列的社会实践后，学生们也感受颇深，更加深入地了解民族文化和历史，从心灵深处来了一次洗礼。

（3）打破常规课堂

思想政治理论课常规的教学方式是传统课堂教学，课堂教学是通过教师对理论知识的讲授，对学生进行思想政治教育。现在通过网络教学、实践活动，让学生自主学习，在探究的过程中感知、感悟，然后在课堂进行互助讨论和归纳，这样就将课堂教学变为答疑解惑和评价学习成果的过程，将课堂功能进行了拓展延伸。"3+2"网络课程模式将课堂翻转，不以课堂为主导，将网络学习和实践活动作为教学的主要环节，使学生获得知识与领悟，增强思政课获得感。在课堂上学生通过独立思考主动探究，主动发现新知识，使他们经历过程，感受知识获得体验。这种模式使思想政治教育教学内容形成了由"单一维度"向"多维度"的流动模式，使学生能够充分地展现自我，学生获取信息的渠道更宽，更方便接触不同的观点和信息，形成自己的理解与判断，自主意识、个性化意识会更强。

（4）建设网络微资源

在网络平台的建设上，可以在已有的学习网的基础上，建设思政课网络教学的资源，完成课程相关主题、优质课件制作、网上微课等方面的建设。把这种课程形式作为成人院校思政网络课堂教学的补充内容，提高课程的教育功能性，发挥课堂形式的实效性。针对成人院校思政课的内容，强化教学模式，开发和利用"微课"，构建"微教学"平台，用精简的教学微视频，达到教学目的，发挥"微课程"的作用。同时，也能让学生通过网络平台答疑解惑，真正做学习的主人。"3+2"网络教学模式的实施，不仅提高了教师教学的创新性，也使得学生在整个学习过程中取得了很好的成绩。

（5）提升学员的自主能力

"3+2"网络教学模式最重要的是提升了学生的自主能力，通过翻转课堂，进行多维度的学习，通过网络、实践、课堂三维度，使学生成为每一个环节的主人，积极参与、思考并主动解决问题，充分调动学生的学习动机和学习热情，使学生能够充分地展现自我，实现自我。

（二）利用影视资源进行成人思政教育实践

1. 影视资源在思想政治课中的应用原则

（1）需要教师适时引导

影视资源不是思想政治教师简单地播放视听资源，教师需要在教学中给予学生适时的引导。根据教学内容选择恰当的视听资源，在播放视听资源时成人院校政治教师可以先介绍视听资源的背景，利用成人院校政治教师的语言进行叙事，方便学生进入教学情境，感悟学科内容，并在需要引导是给予学生引导，共同探讨。并不是单纯地让学生鉴赏视听资源。

（2）系统反映思政学科特点

影视资源在成人院校思想政治课中的应用要系统地反映学科特点。成人院校思想政治课程具有学科内容的综合性，并且这种综合性主要是为了核心素养的落实而提出。影视资源在成人院校思想政治课中的应用也要与学科特点一致，要体现综合性。也就是说，在成人院校思想政治课中应用影视资源是要引导学生初步掌握马克思主义基本原理，理解新时代中国特色社会主义思想；树立正确的历史观、民族观、国家观、文化观，认同伟大祖国、中华民族、中华文化、中国共产党、中国特色社会主义，积极践行社会主义核心价值观，树立宪法法律至上、法律面前人人平等观念，进一步增强法治意识等。成人院校政治教师要以上述这些反映学科特点的内容为目标，来应用影视资源。

（3）具备一定的针对性

影视资源在成人院校思想政治课中的应用必须着眼于思想政治课中的叙事客体、时代特点和社会环境。成人院校思想政治课中的叙事客体是学生，学生是教育对象。时代特点和外部环境是影响影视资源在成人院校思想政治课中应用的外部因素，因此也需要考虑。首先，以叙事客体的认知为基础。影视资源在思想政治课中的应用是以政治教师和学生为主体和客体，通过思想政治课中的教育媒体，作用于学生视觉和听觉的教学活动。要想达到预期的教学效果，就要考虑叙事客体对思想政治课中影视资源内容的可接受性。学生是一个复杂多样的教育对象，是活生生的人。我们要遵循学生认知发展规律，如何将学科影视资源内容贴近学生的思想、学习、生活实际，促进学生主动地、生动活泼地发展，是影视资源如何应用需要考虑的首要问题。其次，从时代特点和社会环境出发。除了着重考虑叙事客体的认知特点之外，还应考虑时代特点和社会环境，这也是针对性原则所要求的。

2. 影视资源在思想政治课中的融入策略

第一，影视资源在成人院校思想政治课中的具体应用要注意选择合适的视听资源。高等院校思想政治课的视听资源选择十分丰富。然而，在学习普通高等院校所开设的课程内容之外，在实际教学过程中，高等院校思想政治课中影视资源的内容资源选择十分广泛。在知识点讲解和重难点的突破上，可以利用现代教育技术，实现教学资源共享。又如在升华情感态度价值观上，可以结合时事政治，利用影视适时讲解。比如一部关于教学内容电影的播放，学生把视觉和听觉都集中在了这部电影中，学生容易产生移情之感，引发共鸣。

　　第二，影视资源在成人院校思想政治课中的具体应用中，还需要进行预先的教学活动设计。比如在课前导入环节，政治教师可以利用现代信息技术事先展示有关这堂课的教学内容，先创设一个教学情境让学生先感受、体验，并沉浸其中，最好是与视听资源发生共鸣，产生移情之感。这个步骤关键在"导"，是引导、引领的作用，目的是让学生先沉浸在政治教师选择或制作的视听资源中。在课中环节，教师可以利用教育媒体充分调动学生积极性，促进教师与学生之间、学生与学生之间、媒体与学生之间的互动，运用影视资源突出教学重难点，并控制好视听资源的时间和教师引导的时机，形成良好的教学氛围。这个步骤关键在"析"。学生能在真切感受到视听资源所呈现的教学内容，并在讨论、分析中习得知识，获得情感体验。在平时，教师可以利用精炼的幻灯片或者录播课中教师精彩的讲解以及深入人心的影视资源等，将本堂课的教学内容展示出来，学生在视觉和听觉的刺激下对本堂课进行一个总结和提升，达到对整堂课教学内容的升华，这个步骤关键在于"结"，要以串联本节课所讲内容和重在升华情感为目的来进行结课。

参考文献

[1] 张莹.坚持"马院姓马,在马言马"[N].贵州日报,2021-12-15(006).

[2] 李智超.优化活化网络思政教育资源[N].吉林日报,2021-12-15(011).

[3] 深耕立身修心育全人厚植劳动教育树品牌[N].天津日报,2021-12-15(011).

[4] 尤祺,张天郡.新媒体背景下大学生思想政治教育与创新创业教育协同发展的研究[J].产业与科技论坛,2022,21(01):76-77.

[5] 金慧玲,刘嘉宏.高校资助育人工作的长效性思想政治教育策略探索[J].产业与科技论坛,2022,21(01):78-79.

[6] 周琳,古力努尔·艾尔肯.融媒体时代高校思想政治教育的发展与创新[J].产业与科技论坛,2022,21(01):82-83.

[7] 朱琼宇.传统文化教育在技师学院思政教育中的价值及实现途径[J].产业与科技论坛,2022,21(01):86-87.

[8] 廖鹏.论工匠精神培养与高职思政教育的有效融合[J].产业与科技论坛,2022,21(01):105-106.

[9] 刘倩.智慧教学模式下课程思政教育在《计算机程序设计》课程教学中的应用[J].产业与科技论坛,2022,21(01):136-137.

[10] 徐博.哲学背景下的高校思想政治教育路径探讨[J].产业与科技论坛,2022,21(01):140-141.

[11] 王宇钢.充分发挥优良文化在高校思政教育中的作用研究[J].产业与科技论坛,2022,21(01):164-165.

[12] 徐桂敏.高校辅导员网络素养提升路径探究[J].产业与科技论坛,2022,21(01):234-235.

[13] 陈恳.高校学生管理与思想政治教育结合的改革与创新[J].产业与科技

论坛，2022，21（01）：267-268.

[14] 董优.培养时代新人视域下的高校思想政治教育质量提升对策研究[J].产业与科技论坛，2022，21（01）：275-276.

[15] 黄波.高质量就业背景下大学生思政教育创新机制研究[J].产业与科技论坛，2022，21（01）：279-280.

[16] 王韦君.高校实施"四史"教育的价值旨向、现实困境与路径优化[J].林区教学，2021（12）：1-4.

[17] 胡婷婷，柏小凤.新时代高职院校劳动教育的着力点与推进路径[J].林区教学，2021（12）：45-47.

[18] 张涛.新媒体时代下国企思想政治教育工作面临的机遇与挑战[N].科学导报，2021-12-14（B03）.

[19] 周明鹏.党史教育资源融入高校思想政治理论课的价值审思[J].内蒙古师范大学学报（教育科学版），2021，34（06）：55-59.

[20] 王芬.新时代高职院校思政课教育教学效果提升研究[J].黑龙江教师发展学院学报，2021，40（12）：54-56.

[21] 徐礼平.中庸方法论对思想政治教育教学的价值初探[J].黑龙江教师发展学院学报，2021，40（12）：85-87.

[22] 莫文容，胡斌.微媒体时代大学生思想政治教育的内容优化与质量提升路径[J].黑龙江教师发展学院学报，2021，40（12）：94-96.

[23] 佟巍，李林蔓.大数据视角下高校学生党员再教育量化考核研究[J].产业与科技论坛，2021，20（24）：51-52.

[24] 岳同辉.高校思政教育对大学生就业创业的价值作用探究[J].产业与科技论坛，2021，20（24）：84-85.

[25] 张凯蒙，邵健.微时代背景下高职院校思想政治教育方式探究[J].产业与科技论坛，2021，20（24）：115-116.

[26] 曹俊盈.新冠疫情下辅导员开展思政教育的思考[J].产业与科技论坛，2021，20（24）：117-118.

[27] 朱锦华.高职思政理论课融入专业教育的实现路径分析[J].产业与科技论坛，2021，20（24）：168-169.

[28] 张可君，张媛，张萌，张雪玉，石卉.以"四轮驱动"思想教育模式培养青年学生理想信念——以医学生物技术专业高职学生为例[J].产业与科技论坛，2021，20（24）：176-177.

[29] 肖敏. "八一精神"融入大学生思想政治教育路径研究 [J]. 产业与科技论坛，2021，20（24）：184-186.

[30] 栾云镭. 新媒体视域下大学生思想政治教育模式创新研究 [J]. 产业与科技论坛，2021，20（24）：186-187.